Moses Mendelssohn

Phädon - über die Unsterblichkeit der Seele in drei Gesprächen

Moses Mendelssohn

Phädon - über die Unsterblichkeit der Seele in drei Gesprächen

ISBN/EAN: 9783742897862

Hergestellt in Europa, USA, Kanada, Australien, Japan

Cover: Foto ©Thomas Meinert / pixelio.de

Manufactured and distributed by brebook publishing software
(www.brebook.com)

Moses Mendelssohn

Phädon - über die Unsterblichkeit der Seele in drei Gesprächen

Phädon

oder

über die

Unsterblichkeit der Seele,

in drey Gesprächen.

von

Moses Mendelssohn.

Vermehrte und verbesserte Auflage.

Mit Königl. Preußis. Churfürstl. Brandenb. und Churf. Sächs. Freyheit.

Berlin und Stettin
bey Friedrich Nicolai
1768.

Vorrede.

Folgende Gespräche des Sokrates, mit seinen Freunden, über die Unsterblichkeit der Seele, sollten meinem Freunde Abbt gewiedmet werden. Er war es, der mich aufgemuntert hatte, diese vor einigen Jahren angefangene und weggelegte Arbeit wieder vorzunehmen. Als er noch zu Rinteln Professor war, gab er mir, in einem von seinen freundschaftlichen Briefen, seine Gedanken über Spaldings Bestimmung des Menschen zu erkennen. Aus unserm Briefwechsel über diese Materie sind die kleinen Aufsätze genommen, die in dem neunzehnten Theil der Litteraturbriefe, unter dem Titel: Zweifel und Orakul die Bestimmung des Menschen betreffend, vorkommen. Ich hatte das Vergnügen, über einige der wichtigsten Punkte meines Freundes Einstimmung zu erhalten, ob ich ihm gleich nicht in allem Genüge leisten konnte.

a 2 Mit

Vorrede.

Mit der Offenherzigkeit eines wahren Freundes, goß er die geheimsten Empfindungen seiner Seele, sein ganzes Herz in meinen Busen aus. Seine philosophischen Betrachtungen erhielten durch die sanften Empfindungen des guten Herzens einen eignen Schwung, ein reges Feuer, wodurch sie die Liebe zur Wahrheit in der kältesten Brust würden entzündet haben; und seine Zweifel selbst unterließen niemals neue Aussichten zu entdecken, und die Wahrheit von einer noch unbemerkten Seite zu zeigen. Unserer Abrede gemäß, sollte ich folgende Gespräche ausarbeiten, und darinn die vornehmsten Lehrsätze, worinn wir übereinkamen, auseinandersetzen; und diese sollten in der Folge zur Grundlage unseres Briefwechsels dienen.

Allein es hat der Vorsehung gefallen, dieses aufblühende Genie vor der Zeit der Erde zu entziehen. Kurz und rühmlich war die Laufbahn, die er hienieden vollendet hat. Sein

Sein Werk vom Verdienst wird den Deut-
schen ein unvergeßliches Denkmaal seiner eigenen Verdienste bleiben: mit seinen Jahren
verglichen, verdienet dieses Werk die Bewunderung der Nachkommenschaft. Was
für Früchte konnte man nicht von einem Baume hoffen, dessen Blüthe so vortreflich war.
Er hatte noch andere Werke unter der Feder,
die an Vollkommenheit, wie er an Erfahren-
heit und Kräften des Geistes, zugenommen
haben würden. Alle diese schönen Hoffnungen sind dahin! Deutschland verliert an ihm
einen treflichen Schriftsteller, die Menschlichkeit einen liebreichen Weisen, dessen Gefühl so edel, als sein Verstand, aufgeheitert
war; seine Freunde den zärtlichsten Freund,
und ich einen Gefährten auf dem Wege
zur Wahrheit, der mich vor Fehltritten
warnete. —

Nach dem Beyspiel des Plato habe ich
den Sokrates in seinen letzten Stunden die

Grün-

Gründe für die Unsterblichkeit der menschlichen Seele seinen Schülern vortragen lassen. Das Gespräch des griechischen Schriftstellers, das den Namen Phädon führet, hat eine Menge ungemeiner Schönheiten, die, zum Besten der Lehre von der Unsterblichkeit, genuzt zu werden verdienten. Ich habe mir die Einkleidung, Anordnung, und Beredtsamkeit desselben zu Nuze gemacht, und nur die metaphysischen Beweisthümer nach dem Geschmacke unserer Zeiten einzurichten gesucht. In dem ersten Gespräche konnte ich mich etwas näher an mein Muster halten. Verschiedene Beweisgründe desselben schienen nur einer geringen Veränderung des Zuschnitts, und andere einer Entwickelung aus ihren ersten Gründen zu bedürfen, um die Ueberzeugungskraft zu erlangen, die ein neuerer Leser in dem Geschräche des Plato vermisset. Die lange und heftige Deklamation wider den menschlichen Körper und seine Bedürf-

dürfniſſe *), die Plato mehr in dem Geiſte
des Pythagoras, als ſeines Lehrers geſchrieben zu haben ſcheinet, mußte, nach unſern
beſſern Begriffen von dem Werthe dieſes göttlichen Geſchöpfes, ſehr gemildert werden;
und dennoch wird ſie den Ohren manches jetzigen Leſers fremde klingen. Ich geſtehe es,
daß ich, blos der ſiegenden Beredtſamkeit des
Plato zu gefallen, dieſe Stelle beybehalten
habe.

In der Folge ſahe ich mich ſchon genöthiget, meinen Führer zu verlaſſen. Seine
Beweiſe für die Immaterialität der Seele
ſcheinen, uns wenigſtens, ſo ſeichte und gril-
lenhaft, daß ſie kaum eine ernſthafte Widerlegung verdienen. Ob dieſes von unſerer beſſern Einſicht in die Weltweisheit, oder von
unſerer ſchlechten Einſicht in die philoſophi-
ſche Sprache der Alten herrühret, vermag
ich nicht zu entſcheiden. Ich habe in dem

zwey-

*) S. 91. u. f.

zweyten Gespräche einen Beweis für die Immaterialität der Seele gewählet, den die Schüler des Plato gegeben, und einige neuere Weltweisen von ihnen angenommen. Er schien mir nicht nur überzeugend, sondern auch am bequemsten, nach der Sokratischen Methode vorgetragen zu werden.

In dem dritten Gespräche mußte ich völlig zu den Neuern meine Zuflucht nehmen, und meinen Sokrates fast wie einen Weltweisen aus dem siebenzehnten oder achtzehnten Jahrhunderte sprechen lassen. Ich wollte lieber einen Anachronismus begehen, als Gründe auslassen, die zur Ueberzeugung etwas beytragen können.

Auf solche Weise ist folgendes Mittelding zwischen einer Uebersetzung und eigenen Ausarbeitung entstanden. Ob ich auch etwas Neues habe, oder nur das so oft gesagte anders vorbringe, mögen andere entscheiden. Es ist schwer, in einer Materie, über welche
so

so viel große Köpfe nachgedacht haben, durch-
gehends neu zu seyn, und es ist lächerlich,
Neuheit affektiren zu wollen. Wenn ich hätte Schriftsteller anführen mögen, so wären
die Namen Plotinus, Cartes, Leibnitz,
Wolf, Baumgarten, Reimarus u. a. oft
vorgekommen. Vielleicht wäre dem Leser
auch alsdann deutlicher in die Augen gefallen,
was ich von dem Meinigen hinzugethan habe. Allein dem bloßen Liebhaber ist es einerley, ob er einen Beweisgrund diesem oder
jenem zu verdanken hat; und der Gelehrte
weiß das Mein und Dein in so wichtigen
Materien doch wohl zu unterscheiden. Ich
bitte gleichwohl meine Leser, auf die Gründe, die ich von der Harmonie der moralischen
Wahrheiten, und insbesondere *) von dem
System unserer Rechte und Obliegenheiten
herhole, aufmerksam zu seyn. Ich erinnere mich nicht, sie bey irgend einem Schriftsteller

*) S. 192. u. f.

steller gelesen zu haben, und sie scheinen mir
für denjenigen, der in die Grundsätze einstim-
met, vollkommen überzeugend zu seyn. Die
Art des Vortrags hat mich genöthiget, sie
als bloße Ueberredungsgründe anzubringen:
ich halte sie aber für fähig, nach der Schär-
fe der strengsten Logik ausgeführet zu werden.

Den Charakter des Sokrates, habe ich
für dienlich erachtet, voraus zu schicken, um
bey meinen Lesern das Andenken des Weltweisen aufzufrischen, der in den Gesprächen
die Hauptperson ausmachet. Coopers Life
of Socrates *) hat mir dabey zum Leitfaden
gedienet; jedoch sind auch die Quellen zu Rathe gezogen worden.

*) London 1750.

Leben

Leben

und

Charakter

des

Sokrates.

Charakter des Sokrates.

Sokrates, Sohn des Bildhauers Sophroniskus und der Hebamme Phänareta, der weiseste und tugendhafteste unter den Griechen, ward in dem vierten Jahre der sieben und siebzigsten Olympiade, zu Athen, in der alepecischen Zunft daselbst geboren. Der Vater hielt ihn in seiner Jugend zur Bildhauerkunst an, in welcher er keine geringen Progressen gemacht haben muß, wenn die bekleideten Grazien, die auf der Mauer zu Athen hinter der Bildsäule der Minerva standen, wie verschiedene versichern, von seiner Arbeit gewesen. Zeiten, in welchen ein Phidias, Zeuxis und Myron lebten, können keiner mittelmäßigen Arbeit eine so wichtige Stelle eingeräumt haben.

Etwa in seinem dreyßigsten Jahre, als sein Vater längst todt war, und er, ohne sonderliche Neigung, aber aus Noth, die Bildhauerkunst noch immer trieb, lernte ihn Krito, ein vornehmer Athenienser, kennen, bemerkte seine erhabenen Talente, und urtheilte, daß er dem menschlichen Geschlechte durch sein Nachdenken weit nützlicher werden könnte, als durch seine Handarbeit. Er nahm ihn aus der Schule der Kunst, und brachte ihn zu den Weisen der damaligen Zeit, um ihm Schönheiten einer hö-

hern

hern Ordnung zur Betrachtung und Nachahmung
vorhalten zu laſſen. Lehret die Kunſt, das Leben im
Lebloſen nachzuahmen, den Stein dem Menſchen ähn=
lich zu machen; ſo ſuchet die Weisheit hingegen, das
Unendliche im Endlichen nachzuahmen, die Seele des
Menſchen jener urſprünglichen Schönheit und Voll=
kommenheit ſo nahe zu bringen, als es in dieſem
Leben möglich iſt. Sokrates genoß den Unterricht
und den Umgang der berühmteſten Leute in allen
Wiſſenſchaften und Künſten, von welchen ſeine Schü=
ler den Archelaus, Anaxagoras, Prodikus,
Evenus, Iſimachus, Theodorus und andere
nennen.

Krito verſahe ihn mit den Nothwendigkeiten des
Lebens, und Sokrates legte ſich anfangs mit vielem
Fleiße auf die Naturlehre, die zur damaligen Zeit
ſehr im Schwange war. Er merkte aber gar bald,
daß es Zeit ſey, die Weisheit von Betrachtung der
Natur auf die Betrachtung des Menſchen zurück=
zuführen. Dieſes iſt der Weg, den die Weltweis=
heit allezeit nehmen ſollte. Sie muß mit Unterſu=
chung der äuſſerlichen Gegenſtände anfangen, aber
bey jedem Schritte, den ſie thut, einen Blick auf den
Menſchen zurückwerfen, auf deſſen wahre Glückſelig=
keit alle ihre Bemühungen abzielen ſollten. Wenn
die Bewegung der Planeten, die Beſchaffenheit der
himmliſchen Körper, die Natur der Elemente u. ſ. w.

nicht

nicht wenigstens mittelbar einen Einfluß in unsre Glückseligkeit haben: so ist der Mensch gar nicht bestimmt, sie zu untersuchen. Sokrates war der erste, wie Cicero sagt, der die Philosophie vom Himmel herunter gerufen, in die Städte eingesetzt, in die Wohnungen der Menschen geführet, und über ihr Thun und Lassen Betrachtungen anzustellen genöthiget hat. Indessen gieng er, wie überhaupt die Neuerungsstifter zu thun pflegen, auf der andern Seite etwas zu weit, und sprach zuweilen von den erhabensten Wissenschaften, mit einer Art von Geringschätzung, die dem weisen Beurtheiler der Dinge nicht geziemet.

Damals stand in Griechenland, wie zu allen Zeiten bey dem Pöbel, die Art von Gelehrten in grossem Ansehen, die sich angelegen seyn lassen, eingewurzelte Vorurtheile und verjährten Aberglauben durch allerhand Scheingründe und Spitzfindigkeiten zu begünstigen. Sie gaben sich den Ehrennamen Sophisten *), den ihre Aufführung in einen Ekelnamen verwandelte. Sie besorgten die Erziehung der Jugend, und unterrichteten auf öffentlichen Schulen sowohl, als in Privathäusern, in Künsten, Wissenschaften, Sittenlehre und Religion, mit allgemeinem

*) Der ursprünglichen Bedeutung nach, Weisheitslehrer.

A 3

nem Beyfalle. Sie wußten, daß in demokratischen
Regierungsverfaßungen die Beredsamkeit über alles
geschätzt wird, daß ein freyer Mann gerne von Politik
schwatzen höret, und daß die Wißbegierde schaaler
Köpfe am liebsten durch Mährchen befriediget seyn will:
daher unterließen sie niemals, in ihrem Vortrage
gleißende Beredsamkeit, falsche Politik und ungereimte Fabeln so künstlich durcheinander zu flechten, daß
das Volk sie mit Verwunderung anhörte und mit
Verschwendung belohnte. Mit der Priesterschaft
standen sie in gutem Vernehmen; denn sie hatten
beiderseits die weise Maxime: leben und leben
laßen. Wenn die Tyranney der Heuchler den freyen
Geist der Menschen nicht länger unter dem Joche
halten konnte: so waren jene Scheinfreunde der Wahrheit bestellt, ihn auf falsche Wege zu verleiten, die
natürlichen Begriffe durcheinander zu werfen, und
allen Unterschied zwischen Wahrheit und Irrthum,
Recht und Unrecht, Gutem und Bösem, durch blen-
dende Trugschlüße aufzuheben. In der Theorie
war ihr Hauptgrundsatz: *Man kann alles beweisen und alles widerlegen,* und in der Ausübung:
*Man muß von der Thorheit anderer, und
seiner eigenen Ueberlegenheit, so viel Vortheil ziehen, als man nur kann.* Diese leztere
Maxime hielten sie zwar, wie leicht zu erachten, vor
dem Volke geheim, und vertrauten dieselbe nur ihren
Lieblingen, die an ihrem Gewerbe Theil nehmen

soll

sollten; allein die Moral, die sie öffentlich lehrten, war nichts destoweniger für das Herz der Menschen eben so verderblich, als ihre Politik für die Rechte, Freyheit und Glückseligkeit des menschlichen Geschlechts.

Da sie listig genug waren, das herrschende Religionssystem mit ihrem Interesse zu verwickeln; so gehörte nicht nur Entschlossenheit und Heldenmuth dazu, ihren Betrügereyen Einhalt zu thun, sondern ein wahrer Tugendfreund durfte es ohne die behutsamste Vorsichtigkeit nicht wagen. Es ist kein Religionssystem so verderbt, das nicht wenigstens einigen Pflichten der Menschheit eine gewisse Heiligung giebt, die der Menschenfreund verehren, und der Sittenverbesserer, wenn er nicht seiner eigenen Absicht zuwider handeln will, unangetastet lassen muß. Von Zweifel in Religionssachen zur Leichtsinnigkeit, von Vernachläßigung des äußerlichen Gottesdienstes zur Geringschätzung alles Gottesdienstes überhaupt, pflegt der Uebergang sehr leicht zu seyn, besonders für Gemüther, die nicht unter der Herrschaft der Vernunft stehen, sondern von Geiz, Ehrsucht oder Wollust regieret werden. Die Priester des Aberglaubens verlassen sich nur allzusehr auf diesen Hinterhalt, und nehmen zu demselben, wie zu einem unverletzlichen Heiligthum, ihre Zuflucht, so ist ein Angriff auf sie geschiehet.

Solche Schwierigkeiten und Hinderniſſe ſtanden
dem Sokrates im Wege, als er den großen Entſchluß
faßte, Tugend und Weisheit unter ſeinen Nebenmen
ſchen zu verbreiten. Er hatte, von der einen Seite,
ſeine eignen Vorurtheile der Erziehung zu beſiegen,
die Unwiſſenheit anderer zu beleuchten, Sophiſterey
zu beſtreiten, Bosheit, Neid, Verleumdung und
Beſchimpfung von Seiten ſeiner Gegner auszuhalten,
Armuth zu ertragen, feſtgeſetzte Macht zu bekämpfen,
und, was das ſchwerſte war, die finſtern Schreck
niſſe des Aberglaubens zu vereiteln. Von der andern
Seite waren die ſchwachen Gemüther ſeiner Mitbür
ger zu ſchonen, Aergerniſſe zu vermeiden, und der
gute Einfluß, den ſelbſt die albernſte Religion auf
die Sitten der Einfältigen hat, nicht zu verſcherzen.
Alle dieſe Schwierigkeiten überſtand er mit der Weis
heit eines wahren Philoſophen, mit der Geduld ei
nes Heiligen, mit der uneigennützigen Tugend eines
Menſchenfreundes, mit der Entſchloſſenheit eines
Helden, auf Unkoſten und mit Verluſt aller weltli
chen Güter und Vergnügungen. Geſundheit, Macht,
Bequemlichkeit, Leumund, Ruhe und zuletzt das Le
ben ſelbſt, gab er auf die liebreichſte Weiſe für das
Wohl ſeiner Nebenmenſchen hin. So mächtig wirkte
in ihm die Liebe zur Tugend und Rechtſchaffenheit, und
die Unverletzlichkeit der Pflichten gegen den Schöpfer
und Erhalter der Dinge, den er durch das unverfälſchte
Licht der Vernunft auf eine lebendige Art erkannte.

Dieſe

Diese höheren Aussichten des Weltbürgers hielten ihn indessen nicht ab, die gemeineren Pflichten gegen sein Vaterland zu erfüllen. In seinem sechs und dreyßigsten Jahre that er Kriegsdienste wider die Potidäer, die Einwohner einer Stadt in Thrazien, die sich wider ihre Tributherren, die Athenienser, empört hatten. Allhier versäumete er die Gelegenheit nicht, seinen Körper wider alle Beschwerlichkeiten des Kriegs und Rauhigkeit der Jahreszeit abzuhärten, und seine Seele in Unerschrockenheit und Verachtung der Gefahr zu üben. Er trug, durch die allgemeine Einstimmung seiner Mitwerber selbst, den Preis der Tapferkeit davon, überließ aber denselben dem Alcibiades, den er liebte, und hiedurch aufmuntern wollte, solche Ehrenbezeigungen von seinem Vaterlande künftighin durch eigene Thaten zu verdienen. Kurz vorher hatte er ihm in einem Gefechte das Leben gerettet. — Man belagerte die Stadt Potidäa in der strengsten Kälte. Andere verwahrten sich wider den Frost, er blieb bey seiner gewöhnlichen Kleidung, und gieng mit bloßen Füßen über das Eis. Die Pest wütete in dem Lager und in Athen selbst. Es ist fast nicht zu glauben, was Diogenes Laertius und Aelian versichern: Sokrates soll der einzige gewesen seyn, den sie gar nicht angegriffen. Ohne aus diesem Umstande, der allenfalls ein bloßer Zufall hat seyn können *),

etwas

---

*) Die Arzeneyverständigen wollen aus der Erfahrung

wis-

etwas zu schließen, kann man überhaupt mit Zuver=
läßigkeit sagen, daß er von einer starken und dauer=
haften Leibesbeschaffenheit gewesen, und solche durch
Mäßigkeit, Uebung und Entfernung von aller Weich=
lichkeit so zu erhalten gewußt hat, daß er wider alle
Zufälle und Beschwerlichkeit des Lebens abgehärtet
war. Gleichwohl hat er auch im Felde nicht unter=
lassen, seine Seelenkräfte nicht nur zu üben, sondern
äußerst anzustrengen. Man sah ihn zuweilen vier
und zwanzig Stunden auf eben der Stelle, mit un=
verwandten Blicken, in Gedanken vertieft stehen, als
wenn der Geist von seinem Körper abwesend
wäre, sagt Aulus Gellius. Man kann nicht läug=
nen, daß diese Entzückungen eine, wenigstens ent=
fernte, Anlage zur Schwärmerey gewesen, und man
findet in seinem Leben mehrere Spuren, daß er nicht
völlig davon befreyet geblieben. Indessen war es eine
unschädliche Schwärmerey, die weder Hochmuth noch
Menschenhaß zum Grunde hatte, und die in der
Verfassung, in welcher er sich befand, ihm sehr nütz=
lich gewesen seyn mag. Die gemeinen Kräfte der
Natur reichen vielleicht nicht hin, den Menschen zu
so großen Gedanken und standhaften Entschließungen
zu erheben.

Nach

wissen, daß die Pest die stärkste Leibesbeschaffen=
heit gerade am wenigsten verschone.

Nach geendigtem Feldzuge kehrte er in seine Vaterstadt zurück, und fieng an mit Nachdruck Sophisterey und Aberglauben zu bekämpfen, und seine Mitbürger in Tugend und Weisheit zu unterrichten. Auf
öffentlichen Straßen, Spaziergängen, in Bädern,
Privathäusern, Werkstätten der Künstler, wo er nur
Menschen fand, die er bessern zu können glaubte, da
hielt er sie an, ließ sich mit ihnen in Gespräche ein *),
erklärte ihnen, was recht und unrecht, gut und böse,
heilig und unheilig sey; unterhielt sie von der Vorsehung und Regierung Gottes, von den Mitteln ihm
zu gefallen, von der Glückseligkeit des Menschen, von
den Pflichten eines Bürgers, eines Hausvaters, eines

*) Mit dem Xenophon ward er auf folgende Wei-
se bekannt. Er begegnete ihm in einem engen
Durchgange. Der schöne und bescheidene Anstand
des jungen Menschen gefiel ihm so wohl, daß er
ihm den Stock vorhielt, und ihn nicht weiter gehen
lassen wollte. Jüngling! sprach er, weißt du, wo
die Bedürfnisse des Lebens zu bekommen sind? —
O ja! antwortete Xenophon. — Weißt du aber auch,
wo Tugend und Rechtschaffenheit zu erhalten ist? —
Der junge Mensch stutzte und sah ihn an? — So
folge mir, fuhr Sokrates fort, ich will es dir zeigen. Er folgte ihm, ward sein treuster Schüler, und
man weiß, wie viel er ihm zu verdanken gehabt.

nes Ehemannes u. f. w. Alles dieses niemals in dem
aufdringenden Ton eines Lehrers, sondern als ein
Freund, der die Wahrheit selbst erst mit uns suchen
will. Er wußte es aber durch die einfältigsten Kin=
derfragen so einzuleiten, daß man von Frage zu Frage,
ohne sonderliche Anstrengung, ihm folgen konnte, ganz
unvermerkt aber sich am Ziele sah, und die Wahr=
heit nicht gelernet, sondern selbst erfunden zu haben
glaubte. Ich ahme hierinn meiner Mutter nach, pfleg=
te er im Scherze zu sagen: Sie gebieret selbst nicht
mehr, aber sie besitzet Kunstgriffe, wodurch sie an=
dern ihre Geburten zur Welt bringen hilft. Auf eine
ähnliche Weise versehe ich bey meinen Freunden das
Amt eines Geburtshelfers. Ich frage und forsche so
lange, bis die verborgene Frucht ihres Verstandes ans
Licht kömmt.

Diese Methode, die Wahrheit zu erfragen, war
auch die glücklichste, die Sophisten zu widerlegen.
Wenn es zu einem ausführlichen Vortrage kam, so
war ihnen nicht beyzukommen. Denn da standen ih=
nen so viel Ausschweifungen, so viel Mährchen, so viel
Scheingründe, und so viel rednerische Figuren zu Ge=
bote, daß die Zuhörer verblendet wurden, und über=
zeugt zu seyn glaubten. Ein allgemeines Händeklat=
schen pflegte ihnen selten zu entstehen. Und man stelle
sich den triumphirenden Blick vor, mit welchem sol=
che **Lehrer** alsdann auf ihre Schüler, oder wohl

gar

gar Widersacher, herabsahen. Was that Sokrates bey einer solchen Gelegenheit? Er klatschte mit;
wagte aber einige gar leichte, von der Sache etwas ent-
fernte Fragen, die der hochgelehrte Mann für albern
hielt, und aus Mitleiden beantwortete. Nach und
nach schlich er sich der Sache näher, immer mit Fragen, und immer indem er seinem Gegner die Gelegenheit abschnitt, in anhaltende Reden auszuschweifen.
Dadurch wurden sie genöthigt, die Begriffe deutlich
auseinander zu setzen, richtige Erklärungen gelten, und
aus ihren falschen Voraussetzungen ungereimte Folgen
ziehen zu lassen. Zuletzt sahen sie sich so in die Enge
getrieben, daß sie ungeduldig wurden. Er aber ward
es niemals, sondern ertrug ihre Unart selbst mit der
größten Gelassenheit, fuhr fort die Begriffe zu entwickeln, bis endlich die Ungereimtheiten, die aus den
Grundsätzen der Sophisten folgten, dem einfältigsten
Zuhörer handgreiflich wurden. Auf solche Weise wurden sie ihren eignen Schülern zum Gelächter.

In Ansehung der Religion scheint er folgende
Maxime vor Augen gehabt zu haben. Jede falsche
Lehre oder Meynung, die offenbar zur Unsittlichkeit
führet, und also der Glückseligkeit des menschlichen
Geschlechts entgegen ist, wurde von ihm auf keinerley Weise verschont, sondern öffentlich, im Beyseyn
der Heuchler, Sophisten und des gemeinen Volks,
bestritten, lächerlich gemacht, und in ihren ungereim-
ten

ten und abscheulichen Folgen gezeigt. Von dieser Art
waren die Lehren der Fabeldichter von den Schwachheiten, Ungerechtigkeiten, schändlichen Begierden und
Leidenschaften, die sie ihren Göttern zuschrieben. Ueber
dergleichen Sätze, so wie über unrichtige Begriffe von
der Vorsehung und Regierung Gottes, auch über die
Belohnung des Guten und die Bestrafung des Bösen,
war er niemals zurückhaltend, niemals, selbst zum
Scheine nicht, zweifelhaft; sondern allezeit entschlos-
sen, die Sache der Wahrheit mit der größten Unerschrockenheit zu verfechten, und, wie der Erfolg gezeigt, sein Bekentniß mit dem Tode zu versiegeln.
Eine Lehre aber, die bloß theoretisch falsch, und den
Sitten so großen Schaden nicht bringen konnte, als
von einer Neuerung zu befürchten war, ließ er unan-
gefochten, bekannte sich vielmehr öffentlich zu der herr-
schenden Meynung, beobachtete die darauf gegründe-
ten Ceremonien und Religionsgebräuche, vermied hingegen alle Gelegenheit zu einer entscheidenden Erklärung; und wann ihr nicht auszuweichen war, so hatte
er eine Zuflucht in Bereitschaft, die ihm niemals entstehen konnte: er schützte seine Unwissenheit vor.

Hierunter begünstigte ihn vorzüglich die Methode
zu lehren, die er, wie wir gesehen, aus andern Absichten gewählt hatte. Denn da er seine Lehren niemals mit dem Hochmuthe eines alleswissenden Mannes ankündigte, da er vielmehr nichts selbst behaupte-
te,

te, sondern allezeit die Wahrheit durch Fragen von seinen Zuhörern herauszulocken suchte: so war ihm erlaubt, das nicht zu wissen, was er nicht wissen konnte, oder durfte. Die Eitelkeit, auf alle Fragen eine Antwort zu wissen, hat so manchen großen Geist verführt, Dinge zu behaupten, die er in dem Munde eines andern getadelt haben würde. Sokrates war von dieser Eitelkeit weit entfernt. Von Dingen, die über seinen Horizont waren, gestand er mit der naivesten Freymüthigkeit: Dieses weiß ich nicht; und wann er merkte, daß ihm Fallen gelegt wurden, und gewisse Geständnisse abgelockt werden wollten, so zog er sich aus dem Spiele, und sagte: Nichts weiß ich! Das Orakel zu Delphi erklärte ihn, vermuthlich nicht ohne Absichten, für den weissesten unter allen Sterblichen. „Wißt ihr, sprach Sokrates, war-
„um Apollo mich für den größten Weisen auf Erden
„hält? Weil andere mehrentheils etwas zu wiß-
„sen glauben, das sie nicht wissen; ich aber sehe wohl
„ein und gestehe, daß alles, was ich weiß, darauf
„hinausläuft, daß ich nichts weiß. "

Der Ruhm des Sokrates verbreitete sich in ganz Griechenland, und es kamen die angesehensten und gelehrtesten Männer von allen Gegenden zu ihm, um seines freundschaftlichen Umgangs und Unterrichts zu genießen. Die Begierde ihn zu hören, war unter seinen Freunden so groß, daß mancher sein Leben wagte,

um nur täglich bey ihm zu seyn. Die Athenienser
hatten bey Lebensstrafe verboten, daß sich kein Mega-
renser auf ihrem Gebiete betreten lassen sollte. Euklides von Megara, ein Freund und Schüler des
Sokrates, ließ sich dadurch nicht abhalten, seinen Lehrer zu besuchen. Des Nachts gieng er, in bunte
Weiberkleider gehüllt, von Megara nach Athen, und
des Morgens, ehe es Tag war, gieng er wieder seine
zwanzig tausend Schritte zurück nach Hause. Bey
dem allen lebte Sokrates in der äußersten Armuth
und Dürftigkeit, und wollte sich nichts für seinen
Unterricht bezahlen lassen, obgleich die Athenienser so
lehrbegierig waren, daß sie sichs große Summen würden haben kosten lassen, wann er auf Belohnung ge-
drungen hätte. Die Sophisten wußten von dieser Be-
reitwilligkeit schon bessern Gebrauch zu machen.

Es muß ihm desto mehr Ueberwindung gekostet
haben, diese Dürftigkeit zu ertragen, da seine Frau,
die berüchtigte Xantippe, eben nicht die genügsamste
Hausfrau gewesen, und er auch für Kinder zu sorgen
gehabt, die ihre Verpflegung von seiner Hand erwar-
teten. Es ist zwar noch nicht ausgemacht, daß die
Xantippe von so böser Gemüthsart gewesen, als man
gemeiniglich glaubet. Die Mährchen, die zu ihrer
Beschimpfung bekannt sind, rühren von spätern
Schriftstellern her, die sie nur vom Hörensagen haben konnten. Plato und Xenophon, die am besten

das

davon unterrichtet seyn mußten, scheinen sie als eine
mittelmäßige Frau gekannt zu haben, von der sich weder viel gutes noch viel böses sagen läßt. Ja man
wird in folgendem Gespräche nach dem Plato finden,
daß sie, an dem letzten Tage des Sokrates, mit ihrem Kinde bey ihm im Kerker gewesen, und sich auß-
serordentlich über seinen Tod betrübt hat. Alles, was
man sonst bey diesen glaubwürdigsten Schriftstellern
zu ihrem Nachtheile findet, ist etwa eine Stelle in
dem Tischgespräche Xenophons, wo jemand den
Sokrates fragt, warum er sich eine Frau genommen,
die so wenig umgänglich wäre? worauf dieser in seinem gewöhnlichen Tone antwortet: „Wer mit Pfer-
„den umgehen lernen will, der wählet sich zu seiner
„Uebung kein geduldiges Lastthier, sondern ein mu-
„thiges Roß, das schwer zu bändigen ist. Ich, der
„ich mit Menschen umgehen lernen will, habe mir
„aus eben der Ursache eine Hausfrau gewählt, die un-
„verträglich ist, um die verschiedene Laune der Men-
„schen desto besser ertragen zu lernen.“ An einer andern Stelle läßt eben dieser Schriftsteller den Sohn
des Sokrates, den Lamproklus, sich gegen seinen
Vater über die harte Begegnung, mürrische Gemüthsart und! unerträgliche Laune seiner Mutter
beschweren. Allein aus der Antwort des Sokrates
erhellet, zu ihrem Lobe, daß sie, bey ihrem zänki-
schen Gemüthe, die Pflichten einer Hausmutter
gleichwohl sorgfältig beobachtet, und ihre Kinder ge-

B   liebt,

liebt, und gehörig verpflegt hat. Dieses Zeugniß ih= res Ehemannes widerlegt offenbar alle schimpfliche Hi= störchen, die man auf ihre Unkosten ersonnen, und wodurch man sie der Nachwelt als ein Beyspiel eines bösen Weibes aufgestellt hat. Man kann mit gutem Grunde glauben, daß Sokrates seine Kunst mit Men= schen umzugehen an seiner Ehegenoßinn nicht verge= bens geübt hat; daß er vielmehr durch unermüdete Geduld, Gefälligkeit, Sanftmuth, und durch seine unwiderstehlichen Ermahnungen die Härte ihres Tem= peraments überwunden, ihre Liebe gewonnen, und sie dergestalt gebessert haben wird, daß sie aus einem unverträglichen Weibe eine gute Hausmutter, und, wie ihre Aufführung vor seinem Ende ausweiset, ei= ne zärtliche Ehefrau geworden. Dem sey indessen wie ihm wolle, so müssen ihm seine häußlichen Umstände die Armuth weit beschwerlicher gemacht haben; da er nicht sich allein, sondern einer ganzen Familie, und vielleicht einer unzufriedenen und über seine strenge Genügsamkeit sich beklagenden Familie, von seinem Thun und Lassen Rechenschaft zu geben hatte. Nie= mand war besser von den Pflichten eines Hausvaters unterrichtet, als Sokrates. Er wußte wohl, daß ihm obliege, so viel zu erwerben und anzuschaffen, als zum ehrlichen Auskommen für seine Familie nö= thig sey, und er hat diese natürliche Pflicht seinen Freunden sehr oft eingeschärft. Allein was ihn selbst betraf, so stand ihm eine höhere Pflicht im Wege, die

ihn

ihn verhinderte, jener Genüge zu leisten. Das Verderbniß der Zeiten, da alles des feilen Gewinnstes
halber geschahe, und insbesondere die niederträchtige
Habsucht der Sophisten, die ihre verderblichen Lehren
um baares Geld verkauften, und die schändlichsten
Mittel anwendeten, sich auf Unkosten des betrogenen
Volks zu bereichern: diese legten ihm die Verbindlichkeit auf, der niedrigen Gewinnsucht die äußerste Un-
eigennützigkeit entgegen zu setzen, damit seine reinen
und unbefleckten Absichten keiner übeln Auslegung fähig seyn möchten. Er wollte lieber darben, und,
wenn ihn der Mangel zu sehr drückte, von Almosen
leben, als durch sein Beyspiel den schmuzigen Geldgeiz dieser falschen Weisheitslehrer nur einigermaßen
rechtfertigen.

Er unterbrach diese wohlthätigen Beschäftigungen,
und zog abermals freywillig mit zu Felde wider die Boeo-
tier. Die Athenienser verloren eine Schlacht bey Deli-
um, und wurden aufs Haupt geschlagen. Sokrates
zeigte seine Tapferkeit so wohl im Treffen, als auf dem
Rückzuge. „Hätte jedermann seine Pflicht so gethan,
„wie Sokrates, spricht der Feldherr Laches beym
„Plato, so wäre der Tag gewiß nicht unglücklich für
„uns gewesen.” Als alles floh, gieng er auch zurück, aber Schritt vor Schritt, und indem er sich
öfters umkehrte, um einem Feinde, der ihm etwa
auf den Hals käme, Widerstand zu thun. Er fand

B 2   den

den Xenophon, der vom Pferde gefallen und ver:
wundet war, unterwegens liegend, nahm ihn auf sei:
ne Schulter, und brachte ihn in Sicherheit.

Die Priester, Sophisten, Redner und andre,
die dergleichen feile Künste trieben, Leute, denen So:
krates ein Dorn im Auge seyn mußte, machten sich
desselben Abwesenheit zu Nutz, und suchten die Ge:
müther wider ihn aufzubringen. Bey seiner Zurück:
kunft fand er eine geschlossene Partey, der kein Mit:
tel ihm zu schaden zu niederträchtig war. Sie mie:
theten, wie man zu glauben Ursach hat, den Komö:
dienschreiber Aristophanes, daß er durch ein Poß
senspiel, das man damals Komödie nannte, den So•
krates verhaßt und lächerlich zu machen suchte, um
das gemeine Volk theils auszuholen, theils vorzube:
reiten, und wann der Streich gelänge, ein mehre:
res zu wagen. Diese Fratze führte den Namen die
Wolken. Sokrates war die Hauptperson, und
die Figur, die diese Rolle machte, gab sich Mühe, ihn
nach dem Leben zu konterfeyen. Kleidung, Gang,
Geberde, Stimme, alles äffte er natürlich nach.
Das Stück selbst hat sich, zur Ehre des verfolgten Welt:
weisen, bis auf unsre Zeiten erhalten. Man kann
sich kaum etwas ungezogeners gedenken.

Sokrates pflegte sonst niemals das Theater zu
besuchen, außer wann die Stücke des Euripides
(daran

(daran er selbst, wie einige wollen, Antheil gehabt,)
aufgeführet wurden. Den Tag, da dieses Pasquill
aufgeführt werden sollte, gieng er gleichwohl hinein.
Er hörte, daß viele Fremde, die zugegen waren, sich
erkundigten, wer dieser Sokrates im Originale sey,
der auf der Bühne so gehöhnt werde? Er trat mitten im Schauspiel hervor, und blieb, bis ans Ende
des Stücks, auf einer Stelle stehn, wo ihn jedermann sehen und mit der Kopey vergleichen konnte.
Dieser Streich war für den Dichter und seine Komödie tödlich. Die possenhaftesten Einfälle thaten keine Wirkung mehr: denn das Ansehen des Sokrates
erregte Hochachtung und eine Art von Erstaunen
über seine Unerschrockenheit. Auch fand das Stück
keinen Beyfall. Der Dichter veränderte es, und
brachte es das folgende Jahr wieder auf die Bühne,
aber mit eben so schlechtem Erfolge. Die Feinde des
Weltweisen sahen sich genöthiget, die vorgehabte Verfolgung bis auf eine günstigere Zeit zu verschieben.

Kaum war der Krieg mit den Boeotiern geendi-
get, so mußten die Athenienser schon ein neues Heer
anwerben, um dem Lacedämonischen Feldherrn Bra-
sidas Einhalt zu thun, der in Thrazien verschiedene
Städte, und unter andern die wichtige Stadt Am-
phipolis ihrer Herrschaft entzogen hatte. Sokrates ließ sich die Gefahr, in die ihn seine letzte Abwesenheit gesetzt, nicht abhalten, dem Vaterlande aber-

B 3
mals

mals zu dienen. Dieses war das letzte mal, daß er
seine Vaterstadt verlassen hatte. Nach der Zeit kam
er, bis an sein Ende, nicht aus dem Gebiete der
Athenienser, und unterließ niemals, der Jugend, die
ihn suchte, seinen freundschaftlichen Umgang zu gönnen, und ihr durch Lehren und gutes Exempel die
Liebe zur Tugend einzuflößen. Wie er aber überall
ein großer Freund und Liebhaber der Schönheit war,
so schien er in der Wahl seiner Freunde auch auf körperliche Schönheit zu sehen. Ein schöner Körper,
pflegte er zu sagen, verspricht eine schöne Seele, und
wenn sie der Erwartung nicht zusagt, so muß sie ver-
wahrlost worden seyn. Daher er sich denn viele Mühe gab, das Inwendige dieser Personen mit ihrem
wohlgebildeten Aeußerlichen übereinstimmend zu machen. Niemand aber war ihm so angelegen, als Alcibiades, ein junger Mensch von ungemeiner Schönheit und von großen Talenten, der hochfahrend, mu-
thig, leichtsinnig und überaus feuriges Temperaments
war. Diesen verfolgte er unermüdet, ließ sich bey
allen Gelegenheiten mit ihm in Unterredung ein, um
ihn durch freundschaftliche Ermahnungen und lieb-
reiche Verweise von den Ausschweifungen des Ehr-
geizes und der Wollust, wozu er von Natur sehr geneigt war, abzuhalten. Plato läßt ihn bey dieser
Gelegenheit öfters Ausdrücke brauchen, die beynahe
verliebt scheinen: daher man in spätern Zeiten Gelegenheit genommen, den Sokrates eines sträflichen
Um-

Umgangs mit jungen Leuten zu beschuldigen. Allein
die Feinde des Sokrates selbst, Aristophanes in
der Komödie, und Melitus in seiner Anklage, thun
hiervon nicht die geringste Erwähnung. Melitus
beschuldigt ihn zwar, daß er die Jugend verderbe;
allein, wie aus der Antwort des Sokrates gar deutlich erhellet, gieng dieses auf die Gesetze der Religion und der Politik, gegen welche er die Jugend
gleichgültig gemacht haben sollte. Gesetzt auch, die
damalige Verderbniß der Sitten wäre so weit gegangen, daß man dieses widernatürliche Laster beynahe
für natürlich gehalten, so hätten seine Feinde dennoch
diesen Umstand nicht ganz verschwiegen, wenn es
nicht offenbar unmöglich gewesen wäre, das Muster
der Keuschheit und Enthaltsamkeit einer so viehischen
Geilheit zu beschuldigen. Man lese die strengen Vor-
würfe, die er dem Kritias und Kritobulus machet; man lese das Zeugniß, das ihm der muthwil-
lige, halbberauschte Alcibiades, in Platons Tischgespräche, giebt. Das Stillschweigen der Feinde und
Verläumder, und seiner Freunde positives Zeugniß
vom Gegentheile, lassen keinen Zweifel zurück, daß
die Beschuldigung ungegründet und eine strafbare Verläumdung sey. Die Ausdrücke des Plato, so fremde sie auch in unsern Ohren klingen, beweisen weiter
nichts, als daß diese unnatürliche Galanterie damals
die Modesprache gewesen, wie etwa der ernsthafteste
Mann in unsern Zeiten sich nicht entbrechen würde,

wenn er an ein Frauenzimmer schreibt, wie verliebt
zu thun.

Ueber den Genius, den er zu besitzen vorgab, und
der ihn, wie er sagte, allzeit abhielt, wenn er etwas
Schädliches unternehmen wollte, sind die Meynun=
gen der Gelehrten getheilt. Einige glauben, Sokra=
tes habe sich hierinn eine kleine Erdichtung erlaubt,
um bey dem abergläubischen Volke Gehör zu finden;
allein dieses scheint mit seiner gewöhnlichen Aufrichtig=
keit zu streiten. Andre verstehen unter diesem Genius
ein geschärftes Gefühl vom Guten und Bösen, eine
durch Nachdenken, durch lange Erfahrung und an=
haltende Uebung zum Instinkt gewordene moralische
Beurtheilungskraft, vermöge welcher er jede freye
Handlung nach ihren muthmaßlichen Folgen und Wir=
kungen prüfen und beurtheilen konnte, ohne sich selbst
von seinem Urtheile Rechenschaft geben zu können.
Man findet aber beym Xenophon so wohl als Plato
verschiedene Vorfälle, wo dieser Geist dem Sokrates
Dinge vorher gesagt haben soll, die sich aus keiner na=
türlichen Kraft der Seele erklären lassen. Vielleicht
sind diese von seinen Schülern aus guter Meynung
hinzu gesetzt worden; vielleicht auch hatte Sokrates,
der, wie wir gesehen, zu Entzückungen aufgelegt war,
selbst Schwachheit oder schwärmende Einbildungskraft
genug, dieses lebhafte moralische Gefühl, das er nicht
zu erklären wußte, in einen **vertraulichen** Geist
umzu=

umzuschaffen, und ihm hernach auch diejenigen Ahn=
dungen zuzuschreiben, die aus ganz andern Quellen
entspringen.   Muß denn ein vortrefflicher Mann noth=
wendig von allen Schwachheiten und Vorurtheilen
frey seyn?   In unsern Tagen ist es kein Verdienst
mehr, Geistereingebungen zu verspotten.   Vielleicht
hat zu den Zeiten des Sokrates eine Anstrengung des
Genies dazu gehört, die er nützlicher angewendet hat.
Er war ohnedem gewohnt, 'ieden Aberglauben zu
dulden, der nicht unmittelbar zur Unsittlichkeit füh=
ren konnte, wie bereits oben erinnert worden.

Die Glückseligkeit des menschlichen Geschlechts war
sein einziges Studium.   So bald ein Vorurtheil oder
Aberglaube zur offenbaren Gewaltthätigkeit, Kränkung
der menschlichen Rechte, Verderbniß der Sitten u. s.
w. Anlaß gab: so konnte ihn nichts in der Welt ab=
halten, aller Drohung und Verfolgung zum Trotze,
sich dawider zu erklären.   Es war unter den Grie=
chen ein hergebrachter Aberglaube, daß die Schatten
der unbegrabenen Todten am Ufer des Styx hundert
Jahre rastlos herumirren müßten, bevor sie herüber
gelassen würden.   Dieser Wahn mag dem rohen Volk
von dem ersten Stifter der Gesellschaft aus löblichen
Absichten beygebracht worden seyn.   Indessen hat er
zu den Zeiten des Sokrates, durch einen schändlichen
Mißbrauch, manchen wackern Patrioten das Leben
gekostet.   Die Athenienser hatten bey den Arginusi=

nischen

nischen Inseln über die Lacedämonier einen vollkommenen Sieg erhalten. Die Befehlshaber der siegenden Flotte wurden aber durch einen Sturm abgehal-
ten, ihre Todten zu begraben, Bey ihrer Rückkunft
nach Athen wurden sie, auf die undankbarste Weise,
dieser Unterlassung halben öffentlich angeklagt. Sokrates hatte denselben Tag den Vorsitz in dem Senat
der **Prytanen**, welche die öffentlichen Angelegenheiten zu besorgen hatten. Die Bosheit einiger Mächtigen im Reiche, die Heucheley der Priester und die
Niederträchtigkeit feiler Redner und Demagogen, hatten sich vereinigt, den blinden Eyfer des Volks wider
diese Beschützer des Staats aufzubringen. Das Volk
drang mit Ungestüm auf ihre Verdammung. Ein
Theil des Senats war selbst von diesem pöbelhaften
Wahne bethört; und der Ueberrest hatte nicht Muth
genug, sich der allgemeinen Raserey zu widersetzen.
Alles willigte darein, diese unglücklichen Patrioten
zum Tode zu verurtheilen. Nur Sokrates allein hatte die Herzhaftigkeit, ihre Unschuld zu vertheidigen.
Er verachtete die Drohungen der Mächtigen, und die
Wut des aufgebrachten Pöbels, stand ganz allein auf
der Seite der verfolgten Unschuld, und wollte lieber
das Aergste über sich ergehen lassen, als in eine so
heillose Ungerechtigkeit willigen. Wiewohl alle seine
Bemühungen zu ihrem Besten dennoch fruchtlos ab-
liefen. Er hatte den Verdruß, zu sehen, daß der
blinde Eyfer die Oberhand erhielt, und daß die Rei-

pu-

publik sich selbst die Schmach anthat, ihre tapfersten
Beschützer einem übelverstandenen Vorurtheil aufzu-
opfern.   Das Jahr darauf wurden die Athenienser
von den Lacedämoniern auf das Haupt geschlagen, ihre
Flotte zu Grunde gerichtet, ihre Hauptstadt belagert
und dergestalt aufs Aeußerste gebracht, daß sie sich
den Siegern auf Gnade und Ungnade ergeben mußte.
Es ist sehr wahrscheinlich, daß der Mangel an er-
fahrnen Anführern auf Seiten der Athenienser an dieser Niederlage nicht wenig Schuld gewesen.

Lysander, der Feldherr der Lacedämonier, der die
Stadt eingenommen hatte, begünstigte eine in derselben entstandene Empörung, verwandelte die demokra-
tische Regierungsform in eine Oligarchie, und setzte
einen Rath von dreyßig Männern, die unter dem
Namen der dreyßig Tyrannen bekannt sind.   Die
grausamsten Feinde hätten in der Stadt so nicht wü-
ten können, als diese Ungeheuer gewütet haben.   Unter dem Vorwande, Staatsverbrechen und Meuterey
zu bestrafen, wurden die rechtschaffensten Leute im
Staat ihres Lebens oder ihres Vermögens beraubt.
Plündern, rauben, verbannen, diesen öffentlich,
jenen meuchelmörderisch hinrichten lassen, waren Thaten, mit welchen sie ihre Regierung bezeichneten. Wie
mußte das Herz des Sokrates bluten, den Kritias,
der vormals sein Schüler war, an der Spitze dieser
Scheusale zu sehen! Ja, dieser Kritias, sein vor-

wali

maliger Freund und Zuhörer, zeigte sich nunmehr als
seinen offenbaren Feind, und suchte Gelegenheit, ihn
zu verfolgen. Der weise Mann hatte ihm einst seine
viehische und widernatürliche Geilheit mit harten Wor=
ten verwiesen, und seit der Zeit trug ihm der Un=
mensch einen heimlichen Groll nach, der jetzo auszu=
brechen Gelegenheit suchte.

Als er und Charikles zu Gesetzgebern ernennt wur=
den, führten sie, um eine Ursach an dem Sokrates zu
finden, das Gesetz ein, daß niemand in der Redekunst
unterrichten sollte. Sie erfuhren darauf, daß sich
Sokrates mit Worten wider sie vergangen, und ver=
schiedentlich habe verlauten lassen, es wäre zwar wun=
derbar, wenn Hirten die ihnen anvertraute Heerde
kleiner und magerer machten, und dennoch nicht für
schlechte Hirten wollten gehalten seyn; aber weit wun=
derbarer wäre es, wenn die Vorsteher eines Staats
die Bürger weniger und schlechter machten, und den=
noch nicht schlechte Vorsteher seyn wollten. Sie lie=
ßen ihn kommen, zeigten ihm das Gesetz, und verbo=
ten ihm, mit jungen Leuten sich in Unterredung einzu=
lassen. „Ist es erlaubt, versetzte Sokrates, eines
„und das andere zu fragen, das mir in diesem Ver=
„bote nicht deutlich genung ist? — O ja! antwortete
„man. — Ich bin bereit, erwiederte er, dem Gesetze
„zu folgen, und befürchte nur aus Unwissenheit da=
„wider zu verstoßen: ich bitte daher um eine deutli=
                                        „chere

„c)ere Erklärung, ob ihr unter der Redekunſt eine
„Kunſt recht zu reden, oder unrecht zu reden verſteht?
„Iſt jenes: ſo muß ich mich enthalten, jemanden zu
„ſagen, wie er recht reden ſoll; iſt aber dieſes: ſo
„werde ich niemand unterweiſen, wie er unrecht re-
„den ſoll.

„Charikles entrüſtete ſich, und ſprach: Wenn du
„dieſes nicht verſteheſt, ſo haben wir dir es faßlicher
„gemacht, und ſchlechterdings verboten, mit jungen
„Leuten zu reden. — Damit ich aber auch hierinn
„wiſſe, wie ich mich zu verhalten habe, ſprach So-
„krates: ſo beſtimmt mir die Zeit, wie lange ihr die
„Menſchen für junge Leute haltet? So lange ſie nicht
„im Rathe ſitzen können, antwortete Charikles, das
„iſt, ſo lange ſie nicht zu reifem Verſtande gekommen
„ſind, nehmlich bis zu dreyßig Jahren.

„Wenn ich aber etwas kaufen will, erwiederte
„Sokrates, das ein junger Menſch unter dreyßig
„Jahren zu verkaufen hat, ſoll ich nicht fragen, wie
„theuer? Dieſes iſt dir nicht verboten, ſprach Charikles;
„aber du fragſt manchmal Dinge, die du gar wohl
„weißt: ſolcher Fragen enthalte dich ferner! — Und
„antworten? ſprach Sokrates weiter. Wenn ein
„junger Menſch mich fragt, wo Charikles oder Kri-
„tias wohne? darf ich ihm hierauf antworten? — Ja,
„ja, ſprach Kritias; aber enthalte dich der abgenutz-
„ten

„ten Beyspiele und Gleichnisse von Riemenschneidern,
„Zimmerleuten und Schmieden. Vermuthlich, er-
„wiederte Sokrates, auch der Begriffe, die ich durch
„diese Beyspiele zu erläutern pflege, von der Gerech-
„tigkeit, Heiligkeit, Frömmigkeit, u. s. w.? Ganz
„recht! antwortete Charikles, und vor allen Dingen
„auch der Viehhirten. Merke dir das! oder ich be-
„fürchte, du wirst auch die Heerde kleiner machen."

Sokrates achtete ihre Drohungen so wenig, als
ihr ungereimtes Gesetz, das sie, der gesunden Vernunft und dem Gesetz der Natur schnurstracks zuwider, keine Befugniß gehabt einzuführen. Er setzte
seine Bemühungen zum Besten der Tugend und Gerechtigkeit mit dem unermüdetesten Eifer fort, und die
Tyrannen unterstunden sich gleichwohl nicht, ihm so
gerade auf den Leib zu kommen. Sie suchten Umwe-
ge, und wollten ihn mit in ihre Ungerechtigkeiten verwickeln: trugen ihm daher nebst vier andern Bür-
gern auf, den Leon von Salamin nach Athen zu
bringen, um ihn hinrichten zu lassen. Die andern
übernahmen den Auftrag; Sokrates aber erklärte sich,
daß er niemals zu einer ungerechten Sache die Hände
bieten werde. So willst du denn, sprach Charikles,
Freyheit haben, zu reden, was du willst, und gar
nichts dafür leiden? Alles mögliche Uebel, antwortete er, will ich dafür leiden, nur das nicht,
jemanden **Unrecht zu thun.** Charikles schwieg,
und

und die übrigen sahen sich einander an. Diese Frey-
heiten würden den Sokrates am Ende dennoch das
Leben gekostet haben, wenn nicht das Volk, der Grau-
samkeit dieser Tyrannen müde, einen Aufstand erregt,
ihre vornehmsten Anführer umgebracht, und die übrigen zur Stadt hinaus gejagt hätte.

Unter der wiederhergestellten demokratischen Regierung gieng es dem Sokrates gleichwohl nicht besser.
Die alten Feinde desselben, die Sophisten, Priester
und Redner, fanden nunmehr die längst erwünschte
Gelegenheit, ihn mit besserm Glück zu verfolgen, und
endlich gar aus dem Wege zu räumen. Anytus, Melitus und Lykon, sind die drey zu ihrer Schmach
unvergeßliche Namen derer, die sich zur Ausführung
dieses schändlichen Vorhabens haben brauchen lassen.
Sie brachten die Verläumdung unter das Volk: Sokrates habe dem Kritias die Grundsätze der Tyranney
beygebracht, die er neulich mit so unerhörter Grau-
samkeit ausgeübt hätte. Wer die Leichtgläubigkeit und
Unbeständigkeit des Pöbels kennt, wird sich nicht ver-
wundern, daß die Athenienser einer so offenbaren Falsch-
heit Gehör gegeben, ob gleich jedermann wußte, was
zwischen dem Sokrates und den Tyrannen vorgefallen.
Einige Jahre vorher hatte Alcibiades, der große Talente, aber einen sehr wilden Charakter hatte, in Gesellschaft anderer muthwilligen Jünglinge, die Bildsäule des Merkurs zerschlagen, die Eleusinischen Ge-
heim-

heimniſſe öffentlich verſpottet, und wegen dieſes Ueber-
muths aus ſeiner Vaterſtadt entweichen müſſen. Anjetzo wurde dieſe Geſchichte wieder rege gemacht, und
von den Feinden des Sokrates ausgeſtreut, er habe
dem jungen Menſchen die Verachtung der Religion
beygebracht. Nichts war den Lehren und der Aufführ-
rung des Sokrates mehr zuwider, als ein ſolcher Fre-
vel. Den öffentlichen Gottesdienſt, ſo abergläubiſch
er auch ſeyn mochte, hat er allezeit in Ehren gehalten; und was die Eleuſiniſchen Geheimniſſe betrifft,
ſo rieth er allen ſeinen Freunden, ſich in denſelben ein-
weihen zu laſſen; ob er gleich ſelbſt ſeine Urſachen haben mochte, es nicht zu thun. Man hat ſehr guten
Grund, zu glauben, daß die größern Geheimniſſe zu
Eleuſis nichts anders waren, als die Lehren der wahren natürlichen Religion, und eine vernünftige Auslegung der Fabeln. Wenn Sokrates ſich weigerte,
die Einweihung anzunehmen, ſo geſchah, es wahrſchein-
licher Weiſe, um die Freyheit zu behalten, dieſe Geheimniſſe ungeſtraft ausbreiten zu dürfen, die ihm die
Prieſter durch die Einweihung zu entziehen ſuchten.

Als die Verläumder, durch dergleichen boshafte
Ausſtreuungen, das Volk genugſam vorbereitet zu haben glaubten, brachte Melitus eine förmliche Anklage wider den Sokrates an die Obrigkeit der Stadt,
welche alſofort dem Volk davon Nachricht gab. Das
Gericht der Heliäa wurde zuſammen berufen und die
gewöhn-

gewöhnliche Anzahl der Bürger durch das Loos bestimmt, die den Angeklagten richten sollten. Die Anklage war: Sokrates handelt wider die Gesetze, indem er 1) die Götter der Stadt
nicht verehrt und eine neue Gottheit ein-
führen will, und 2) die Jugend verderbet,
der er eine Verachtung alles dessen, was heilig ist, beybringet. Seine Strafe sey der
Tod.

Seine Freunde brachten ihm wohlausgearbeitete
Reden zu seiner Vertheidigung. „Sie sind sehr schön,
„sprach er, aber für mich alten Mann schicken sich
„dergleichen Künste nicht." Willst du nicht selbst etwas zu deiner Vertheidigung aufsetzen? fragten sie
ihn. „Die beste Vertheidigung, die ich machen kann,
„antwortete er, ist, daß ich in meinem Leben nieman-
„den Unrecht gethan. Ich habe zu verschiedenen ma-
„len angefangen auf eine Schutzrede zu denken, bin
„aber allemal von Gott daran verhindert worden.
„Vielleicht ist es sein Wille, daß ich in diesen Jah-
„ren, bevor das hinfällige und einer Krankheit ähn-
„liche Alter kömmt, eines leichtern Todes sterbe,
„und weder meinen Freunden noch mir selbst zur Last
„werden soll." In diesen Worten hat jemand vor
einiger Zeit den Beweis finden wollen, daß Sokrates
feigherzig gewesen, und die Unbequemlichkeiten des Al-
ters, mehr als den Tod, gefürchtet habe. Es gehö-

C   ret

ret nicht wenig Dreustigkeit dazu, dem Leser so was einbilden zu wollen!

An dem zu dieser Untersuchung öffentlich anberaum-
ten Tage erschienen Melitus, Anytus und Lyko, der
erste für die Dichter, der zweyte für das Volk, und
der letzte für die Redner, bestiegen einer nach dem andern den Rednerstul, und hielten die giftigsten und
verleumderischsten Reden wider den Sokrates. Er
betrat nach ihnen den Platz, ohne zu zittern oder zu
zagen, ohne, nach der damaligen Gewohnheit auf Ge-
richtsstuben, seine Richter durch einen jämmerlichen
Anblick zum Mitleiden bewegen zu wollen; sondern
mit dem gesetzten und zuversichtlichen Wesen, das seiner Weisheit anständig war. Er hielt eine zwar un-
gekünstelte und unvorbereitete, aber männliche und sehr
nachdrückliche Rede, in welcher er alle Verleumdungen
und boshaften Gerüchte, die man zu seinem Nachtheil
ausgestreut, ohne Bitterkeit widerlegte, seine Ankläger
beschämte und in ihren eigenen Beschuldigungen Widersprüche und Ungereimtheiten zeigte. Seinen Richtern begegnete er zwar mit der erfoderlichen Ehrerbie-
tigkeit, sprach aber in einem so festen und seines Vor-
zugs sich bewußten Tone, daß seine Rede öfters durch
unzufriedenes Murmeln unterbrochen ward. Er
beschloß mit folgenden Worten:

„Wer-

„Werdet nicht ungehalten, Athenienser! daß ich,
„wider die Gewohnheit der Verklagten, nicht in Thrä-
„nen zu euch rede, oder meine Kinder, Verwandten
„und Freunde in einem kläglichen Aufzuge erscheinen
„lasse, um euch zum Mitleiden zu bewegen. Nicht
„aus Hochmuth oder Trotz habe ich dieses unterlas-
„sen; sondern weil ich es für unanständig halte, einen
„Richter anzuflehen, und ihn anders, als durch die
„Rechtmäßigkeit der Sache, einnehmen zu wollen.
„Der Richter hat sich durch einen Eid verpflichtet,
„nach Gesetz und Billigkeit zu urtheilen, und sein Mit-
„leiden so wenig als seinen Zorn den Ausspruch thun
„zu lassen. Wir Angeklagten handeln also wider Recht
„und Billigkeit, wenn wir euch durch unsre Klagen
„eidbrüchig zu machen suchen, und wider die Achtung,
„die wir euch schuldig sind, wenn wir euch fähig hal-
„ten, es zu werden. Ich will auf keinerley Weise
„meine Errettung solchen Mitteln zu verdanken ha-
„ben, die weder recht, noch billig, noch gottesfürch-
„tig sind; vornehmlich da ich vom Melitus so eben
„der Gottlosigkeit beschuldiget worden bin. Wenn
„ich durch mein Flehen euch meyneidig zu machen
„suchete, so wäre dieses der überzeugendste Beweis,
„daß ich keine Götter glaube; mithin würde mich die-
„se Vertheidigung selbst der Atheisterey überführen.
„Aber nein! ich bin mehr als alle meine Ankläger, von
„dem Daseyn Gottes überzeugt, und ergebe mich da-
„her Gotte und euch, mich nach Wahrheit zu rich-

„ten,

„ten, und über mich zu verhängen, was ihr so wohl
„für euch, als für mich für das Beste haltet."

Die Richter waren höchst unzufrieden über dieses
gesetzte und unerschütterte Wesen, und unterbrachen
den Plato, der nach ihm hervortrat, und zu reden
begonn.   „Ob ich schon der jüngste bin, Athenienser!
„fieng Plato an, von denen, welche diesen Ort hin-
„aufgestiegen — " Heruntergestiegen riefen sie ihm
zu, und ließen ihn seine Rede nicht fortsetzen. Sokrates wurde durch die Mehrheit von drey und dreyßig
Stimmen für schuldig erkannt.

Es war die Gewohnheit zu Athen, daß die Verurtheilten sich selbst eine gewisse Strafe, Geldbuße,
Gefängniß oder Verbannung auflegen mußten, um
dadurch die Billigkeit des Urtheils zu bekräftigen, oder
vielmehr ihre Verbrechen einzugestehen. Sokrates sollte wählen; aber er wollte auf keinerley Weise gegen
sich selbst so ungerecht seyn, sich für schuldig zu erkennen, und sprach:

„Wenn ich frey sagen soll, was ich verdient zu
„haben glaube, so wisset, Athenienser! ich glaube,
„durch die Dienste, die ich der Republik geleistet,
„wohl werth zu seyn, daß man mich auf öffentliche
„Kosten im Prytaneum unterhalte." Auf Zure-
den seiner Freunde verstand er sich gleichwohl zu einer

ner kleinen Geldbuße, wollte aber nicht zugeben, daß
sie unter sich eine größere Summe zusammen schießen
sollten.

Die Richter berathschlageten sich, welche Strafe
sie ihm zuerkennen sollten, und die Bosheit seiner Feinde brachte es dahin, daß er zum Tode verurtheilt wurde: „Ihr seyd mit eurem Urtheil sehr voreilig gewe-
„sen, Athenienser! sprach Sokrates, und habt da-
„durch den Verleumdern dieser Stadt Stoff gegeben,
„euch vorzuwerfen, daß ihr den weisen Sokrates
„ums Leben gebracht; denn sie werden mich weise
„nennen, wenn ich es schon nicht bin, um euch desto-
„mehr tadeln zu können. Ihr hättet nicht lange war-
„ten dürfen, so wäre ich, ohne euer Zuthun, gestor-
„ben. Ihr sehet, wie nahe ich schon dem Tode bin *).
„Euch meyne ich hiermit, die ihr mir den Tod zu-
„erkannt habet! Glaubet ihr etwa, Männer von Athen!
„daß es mir an Worten gefehlt, euch einzunehmen
„und zu überreden, wenn ich der Meynung gewesen
„wäre, man müßte alles thun und alles sprechen, um
„ein günstiges Urtheil zu erhalten? Gewißlich nicht!
„Wenn ich unterliege, so ist es nicht aus Mangel an
„Worten und Vorstellungen, sondern aus Mangel
„an Unverschämtheit und Niederträchtigkeit, euch sol-
„che

*) Er war damals 70 Jahr alt.

„che Dinge hören zu lassen, die euch angenehm zu verneh-
„men, aber einem rechtschaffenen Manne unanständig
„sind zu sagen. Heulen, schreyen und andere solche frie-
„chende Ueberredungsmittel, die ihr an andern gewohnt
„seyd, sind meiner höchst unwürdig. Ich hatte mir
„gleich Anfangs vorgenommen, lieber das Leben zu
„verlieren, als es auf eine unedle Weise zu retten.
„Denn ich halte dafür, daß man eben so wenig be-
„rechtiget sey, vor Gericht alles zu thun, um dem
„Tode zu entfliehen, als im Kriege. Wie oft hat
„ein Mann nicht in einem Gefechte Gelegenheit sein
„Leben zu erretten, wenn er die Waffen von sich wer-
„fen und denjenigen, der ihm nachsetzt, um Gnade
„bitten will. Und so giebt es im menschlichen Leben
„viele Vorfälle, wo der Tod gar wohl vermieden
„werden kann, wenn man nur unverschämt genug
„ist, alles zu thun und zu sagen, was dazu erfor-
„dert wird. Dem Tode zu entfliehen, Männer von
„Athen! ist zuweilen so schwer nicht, aber der Schan-
„de zu entkommen, ist weit schwerer: denn sie ist
„schneller, als der Tod. Daher kömmt es auch), daß
„ich langsamer, alter Mann von dem langsamsten
„ergriffen worden; da hingegen meine Ankläger, die
„ganz munter und lebhaft sind, von der sehr schnel-
„len Schande eingeholt worden sind. Ich gehe zum
„Tode, zu welchem ihr mich verurtheilt habet, und
„sie zur Schmach und Unehre, zu welcher sie von
„der Wahrheit und Gerechtigkeit verdammt werden.

　　　　　　　　　　　　　　　„Ich

„Ich bin mit dem Urtheilsspruche zufrieden, vermuth=
„lich sie auch: mithin gehen die Sachen, recht wie
„sie sollten, und ich für mein Theil finde die Wege
„des Schicksals auch hierinn gerecht und verehrunge=
„werth.“

Nachdem er hierauf den Richtern, die ihn verur=
theilt, freymüthig, aber ohne Galle, einige Wahrhei=
ten gesagt, wendete er sich zu denenjenigen, die für sei=
ne Lossprechung gestimmet hatten, und unterhielt sie
mit einer Art von Betrachtung über Leben, Tod und
Unsterblichkeit, die damals ziemlich der Fassungskraft
des gemeinen Volks angemessen gewesen seyn mag:
Als er aber mit seinen Schülern und vertrauten Freun=
den allein war, ließ er sich über eben diese Materie
mit mehrerer Gründlichkeit heraus: daher wir unsre
Leser, die in folgenden Gesprächen mit den reifern
Gedanken dieses Weltweisen unterhalten werden sollen,
mit jener exoterischen Philosophie billig verschonen.

Man führte ihn ins Gefängniß, das, wie Sene=
ca sagt, durch die Gegenwart dieses Mannes seine
Schmach verlor, indem das kein Kerker seyn kann,
wo ein Sokrates ist. Unterwegs begegneten ihm ei=
nige von seinen Schülern, die über dasjenige, was ihm
wiederfahren, ganz untröstlich waren. „Warum wei=
„net ihr? fragte sie der Weise. Hat mich die Natur
„nicht gleich bey meiner Geburt zum Tode verurtheilt?

C 4 „Wenn

„Wenn mich der Tod einem wahren und ersprießlichen
„Gute entrissen, so hätte ich und diejenigen, die mich
„lieben, Ursache, mein Schicksal zu bedauren. Da
„ich aber hienieden nichts, als Jammer und Elend
„zurücklasse: so sollten mir meine Freunde zu meiner
„Reise vielmehr Glück wünschen."

Apollodorus, der als ein sehr gutherziger Mensch,
aber etwas schwacher Kopf, beschrieben wird, konnte
sich gar nicht zufrieden geben, daß sein Lehrer und
Freund so unschuldig sterben müßte. Guter Apollodorus! sprach Sokrates lächelnd, indem er ihm
die Hand auf den Kopf legte, würdest du es lieber
sehen, wenn ich schuldig sterben müßte? —

Was übrigens im Gefängnisse und in den letzten
Stunden des sterbenden Sokrates vorgegangen, wird
der Leser in folgenden Gesprächen erfahren. Nur ist
noch eine Unterredung mit dem Krito nicht aus der
Acht zu lassen, aus welcher Plato ein besonderes Gespräch gemacht hat. Einige Tage vor der Hinrichtung
des Sokrates, kam Krito vor Anbruch des Tages zu
ihm ins Gefängniß, fand ihn in süßem Schlafe, und
setzte sich leise neben sein Bett, um ihn nicht zu stören. Als Sokrates erwachte, fragte er ihn, „war-
„um heute so früh, Freund Krito?" Dieser mel-
dete ihm, er hätte Nachricht, daß den nächsten Tag
das Todesurtheil vollzogen werden sollte. „Wenn es
„der

„der Wille Gottes ist, antwortete Sokrates, mit seiner
„gewöhnlichen Gelassenheit, so sey es! Indessen glau-
„be ich nicht, daß es morgen vor sich gehen werde.
„Ich hatte, so eben als du zu mir kamst, einen an-
„genehmen Traum. Mir erschien ein Frauenzim-
„mer von ungemeiner Schönheit, in einem langen
„weißen Gewande, rief mich beym Namen und
„sprach: In drey Tagen wirst du in dein frucht-
„bares Phthia anlangen.” — Eine feine Anspie-
lung! woburch er zu verstehen gab, daß er sich nach
jenem Leben, wie beym Homer der erzürnte Achilles
sich aus dem Lager weg, und nach Phthia, seinem
Vaterlande, sehnete. Krito aber, der ganz andre
Absichten hatte, entdeckte seinem Freunde, daß er die
Wache bestochen, und alles Nöthige vorgekehrt hätte,
ihn bey nächtlicher Weile aus dem Gefängnisse zu ent-
führen; und daß es nunmehr nur auf ihn ankäme,
ob er einem schimpflichen Tode entkommen wollte.
Er suchte ihn auch durch die wichtigsten Vorstellungen zu überführen, daß dieses seine Pflicht und Schuldigkeit sey. Da er seine Liebe für sein Vaterland kann-
te: so stellte er ihm vor, wie er verbunden wäre
zu verhüten, daß die Athenienser nicht unschuldi-
ges Blut vergössen; er führte überdem an, daß ers
um seiner Freunde willen thun müßte, die, außer
dem Schmerz über seinen Verlust, auch der schmäh-
lichen Nachrede würden ausgesetzt bleiben, daß sie seine Befreyung vernachläßiget. Endlich unterließ er

C 5   auch

auch nicht, ihm ein bewegliches Bild von dem Unglück
seiner hülflosen Kinder vorzuhalten, die alsdann sei=
nes väterlichen Unterrichts, Beyspiels und Schutzes
beraubt seyn würden. Hierauf antwortete Sokrates:
„Mein lieber Krito! deine freundschaftliche Vorsorge
„ist löblich, und daher mit Dank anzunehmen, wenn
„sie sich mit der gesunden Vernunft verträgt. Ist
„sie aber derselben zuwider, so haben wir uns um so
„viel mehr dafür zu hüten. Wir sollten daher erst
„in Ueberlegung nehmen, ob dein Vorschlag gerecht
„und mit der Vernunft übereinstimmig sey, oder nicht.
„Ich habe mich allzeit gewöhnt, mich zu nichts be=
„reden zu lassen, als was ich, nach reiflicher Ueber=
„legung, für das Beste gehalten, und ich sehe kei=
„nen Grund, warum ich von meinen bisherigen Le=
„bensregeln anjetzo abwiche, ob ich gleich in der Ver=
„fassung bin, in welcher du mich siehest: sie erschei=
„nen mir noch immer in eben dem Lichte, und da=
„her kann ich nicht anders, als sie immer noch werth
„schätzen und verehren.‟ Nachdem er seine falschen
Bewegungsgründe widerlegt, und ihm gezeigt, was
ein vernünftiger Mann den Gesetzen und dem Vater=
lande schuldig sey, fährt er fort: „Wenn ich jetzt im
„Begriffe wäre, davon zu laufen, und die Repu=
„blik samt ihren Gesetzen erschienen, um mich zu fra=
„gen: Sprich, Sokrates! was bist du Willens zu
„thun? Bedenkst du nicht, daß dieses uns, den
„Gesetzen und dem gesamten Staate, so viel an dir

„liegt

„liegt, den Untergang bereiten heißt? Oder glaubest
„du, daß ein Staat Bestand habe, und nicht noth-
„wendig zerrüttet werden müsse, in welchem die Ge-
„richtsurtheile keine Kraft haben, und von jeder Pri-
„vatperson vereitelt werden können? Was kann ich
„hierauf antworten, mein Werther?— Etwa, daß
„mir Unrecht geschehen, und ich das Urtheil nicht
„verdiene, das wider mich gesprochen worden? Soll
„ich dieses antworten? — Krit. Beym Jupiter!
„ja, o Sokrates! — Sokr. Wenn aber die
„Gesetze erwiederten: Wie? Sokrates, hast du dich
„gegen uns nicht anheischig gemacht, alle Rechtssprü-
„che der Republik zu genehmigen? — Ich würde
„über diesen Antrag stutzen; allein sie würden fort-
„fahren: Laß dich dieses nicht befremden, Sokra-
„tes! sondern antworte nur; du bist ja sonst ein
„Freund von Fragen und Antworten; sag an, was
„mißfällt dir an uns und an der Republik, daß du
„uns zu Grunde richten willst? Mißfallen dir etwa
„die Gesetze der Ehe, durch welche dein Vater deine
„Mutter geheyrathet, und dich zur Welt gebracht;
„mißfallen dir diese? — Keinesweges! würde ich ant-
„worten. So mißbilligest du etwa unsre Weise die
„Kinder zu erziehen und zu unterrichten? Ist die
„Einrichtung nicht löblich, die wir zu diesem Behufe
„gemacht, und die deinen Vater veranlaßt hat, dich

„in

„ in der Musik und Gymnastik *) unterrichten zu laß
„ fen? — Sehr löblich! müßte ich antworten. — Du
„ gestehst also, daß du uns deine Geburt, deine Auf=
„ erziehung und deine Unterweisung zu verdanken hast,
„ und folglich können wir dich so wohl, als jeden von
„ deinen Vorfahren, als unsern Sohn und Unterge=
„ benen betrachten. Ist dem aber also, so fragen
„ wir: kömmt dir mit uns ein gleiches Recht zu? und
„ bist du befugt, uns alles, was wir dir thun, mit glei=
„ cher Münze zu bezahlen? Du wirst dir kein glei=
„ ches Recht mit deinem Vater anmaßen, kein glei=
„ ches Recht mit deinem Gebieter, wenn du einen
„ hast: sie alles, was du von ihnen leidest, wieder
„ empfinden zu lassen, dich mit Worten oder Thaten
„ wider sie zu vergehen, wenn sie dir etwa zu nahe
„ treten; und mit dem Vaterlande, und mit den
„ Gesetzen willst du gleiches Recht haben? Gegen uns
„ willst du dich für befugt halten, so bald wir etwas
„ wider dich beschlossen, dich wider uns aufzulehnen?
„ den Gesetzen, dem Vaterlande, so viel; bey dir steht,
„ den Untergang anzurichten? und du glaubst recht=
„ schaffen zu handeln? du, der du dich im Ernste der
„ Tugend befleißigen willst? Steht es so um deine
„ Weis=

*) Die Uebungen der Seelenkräfte wurden Musik,
   und der Leibesgeschiklichkeiten Gymnastik genannt.

„Weisheit, daß du nicht einmal einsiehest, daß Va=
„ter und Mutter und Vorfahren lange nicht so ehr=
„würdig, nicht so hoch zu schätzen, nicht so heilig sind,
„bey den Göttern sowohl, als bey allen Menschen,
„die bey Verstande sind, in keinem solchen Ansehen
„stehen, als das Vaterland?" Sie fahren in diesem
„Tone fort, und setzen endlich hinzu: „Bedenke,
„Sokrates! ob du nicht unbillig gegen uns ver=
„fährst? Wir haben dich gezeugt, erzogen und un=
„terrichtet; wir haben dich, und jeden atheniensischen
„Bürger, so viel bey uns gestanden, aller Wohltha=
„ten theilhaftig gemacht, die das gesellschaftliche Le=
„ben gewähren kann; und gleichwohl haben wir dir,
„und jedwedem, der sich zu Athen niedergelassen, die
„Erlaubniß gegeben, wenn ihm unsre Staatsverfas=
„sung, nach einer hinlänglichen Prüfung, nicht an=
„steht, mit den Seinigen davon zu gehen, und sich,
„wohin er will, zu begeben. Die Thore von Athen
„stehen einem jeden offen, dem es in der Stadt nicht
„gefällt, und er kann das Seinige ungehindert mit=
„nehmen. Wer aber gesehen, wie es bey uns zu=
„gehet, und wie wir Recht und Gerechtigkeit handha=
„ben, und dennoch bey uns geblieben, der ist still=
„schweigend einen Vertrag eingegangen, sich alles ge=
„fallen zu lassen, was wir ihm befehlen; und wenn
„er ungehorsam ist, so begehet er eine dreyfache Un=
„ge=

„gerechtigkeit. Er ist ungehorsam gegen seine Eltern,
„ungehorsam gegen seine Zucht und Lehrmeisterer,
„und er übertritt den Vertrag, den er mit uns ein=
„gegangen ist. Liebster Freund Krito! diese Reden
„glaube ich zu hören, wie die Korybanten sich ein=
„bilden, den Ton der Flöten zu hören, und die
„Stimme klinget so stark in meinen Ohren, daß ich
„nichts anders darüber vernehmen kann." Krito
gieng weg, überzeugt, aber unwillig, daß die Ver=
munft seinen Vorschlag gemißbilliget hatte.

Phädon,

oder

über die Unsterblichkeit der Seele.

Phädon,
oder
über die Unsterblichkeit der Seele.

Echekrates, Phädon, Apollodorus, Sokrates, Cebes, Krito, Simmias.

Erstes Gespräch.

Echekrates.

Warst du selbst, mein Phädon! denselben Tag beym Sokrates, als er im Kerker den Gift zu sich nahm, oder hat es dir jemand erzählet?

Phädon.

Ich selbst, Echekrates! war da.

Echekrates.

Was sprach der Mann von seinem Tode? wie starb er? Wenn mir doch jemand alles umständlich erzählen wollte! Die Phliasischen Bürger kommen itzt selten nach Athen, und auch von daher ist schon lange kein Gast zu uns gekommen, der uns dergleichen Nachrichten hätte überbringen können. So viel haben wir vernommen: Sokrates hat Gift getrunken und ist gestorben; nicht den geringsten Umstand mehr.

D   Phä-

Phädon.

Nichts von seiner Verurtheilung?

Echekrates.

O ja! das hat uns jemand erzählet. Wir verwunderten uns noch, daß man ihn, nachdem er bereits verurtheilet gewesen, noch so lange hat leben lassen. Wie kam dieses? Phädon!

Phädon.

Ganz von ungefähr, Echekrates! Es traf sich eben, daß das Schiff, welches die Athenienser jährlich nach Delos zu schicken pflegen, den Tag vor seiner Verurtheilung bekränzt wurde.

Echekrates.

Und dieses Schiff —

Phädon.

soll, wie die Athenienser sagen, dasselbe Fahrzeug seyn, in welchem einst Theseus die sieben Paar Kinder unbeschädigt nach Kreta hin und wieder zurück gebracht hatte. Die Stadt soll, wie man hinzusetzt, dem Apollo damals das Gelübde gethan haben, ihm jährlich in diesem Schiffe stattliche Geschenke nach Delos zu schicken, wenn diese anders ohne Schaden zurück kommen würden; und seit der Zeit hat man dem Gotte noch immer Wort gehalten.

Wenn

Wenn das heilige Schiff abgehen ſoll, ſo behänget der Prieſter des Apollo das Hintertheil deſſelben mit Kränzen, und ſofort nimmt die Feyer der Theorie ihren Anfang. Dieſes Feſt dauert ſo lange, bis das Schiff zu Delos angelangt, und von da wieder zurück gekommen iſt, binnen welcher Zeit die Stadt gereiniget wird, und nach dem Geſetze niemand öffentlich hingerichtet werden darf. Wenn das Schiff von widrigen Winden aufgehalten wird, ſo können die Verurtheilten hierdurch lange Friſt gewinnen.

Der Zufall fügte es, wie ich ſchon vorhin geſagt, daß die Bekränzung des Schiffes einen Tag vorher geſchahe, ehe Sokrates verurtheilet worden; und darum verſtrich eine ſo geraume Zeit zwiſchen ſeiner Verurtheilung und ſeinem Tode.

Echekrates.

Aber den letzten Tag, Phädon! wie gieng es da? Was hat er geſprochen? Was hat er gethan? Welche Freunde waren in der Todesſtunde bey ihm? Oder wollten die Archonten niemanden zu ihm laſſen? und verſchied er, ohne einen Freund um ſich zu haben?

Phädon.

Keinesweges! es waren ihrer viele zugegen.

D 2 Eche

Echekrates.

Halten dich keine Geschäfte ab, Phädon! so erzähle mir, was sich dabey zugetragen. Ich bin sehr begierig, alle Umstände von dieser wichtigen Begebenheit zu erfahren.

Phädon.

Und ich eben so willig, sie dir zu berichten. Ich habe niemals Geschäfte, so oft ich mich vom Sokrates unterhalten kann. Was ist angenehmer, als sich dieses Mannes zu erinnern, von ihm zu reden oder reden zu hören?

Echekrates.

Deine Zuhörer, Phädon! sind der nehmlichen Gesinnung. Erzähle also alles, so genau und so umständlich, als es dir möglich ist.

Phädon.

Ich war zugegen, Freund! aber mir war wunderbar zu Muthe. Ich fühlte kein Mitleiden, kein solches Beklemmen, als wir zu empfinden pflegen, wenn ein Freund in unsern Armen erblasset. Der Mann schien mir glückselig, beneidenswerth, Echekrates! so sanft, so ruhig war sein Betragen in der Todesstunde, so gelassen waren seine letzten Worte. Sein Thun dünkte mich, nicht wie eines Menschen, der vor seiner Zeit zu den Schatten des Orkus hinunter wandelt; sondern wie eines Unsterblichen, der ver-

versichert ist; da wo er hinkömmt, so glückselig zu
seyn, als je einer gewesen. Wie konnte ich also die
bangen Empfindungen haben, mit welchen der Ans
blick eines gemeinen Sterbenden unser Gemüth zu
verwunden pflegt? Gleichwohl hatten die philoso=
phischen Unterredungen unsers Lehrers damals die
reine Wollust nicht, die wir an ihnen gewohnt wa=
ren. Wir empfanden eine seltsame, nie gefühlte Mi=
schung von Lust und Bitterkeit; denn das Vergnügen
ward beständig von der nagenden Empfindung unter=
brochen: „Bald werden wir ihn auf ewig ver=
„lieren.‟

Wir Anwesenden befanden uns alle in diesem son=
derbaren Gemüthszustande, und die entgegengesetzten
Wirkungen desselben zeigten sich gar bald eben so son=
derbar auf unsern Gesichtern. Man sah uns jetzt la=
chen, jetzt Thränen vergießen, und öfters zeigte sich
ein Lächeln um die Lippen, und heiße Zähren in den
Augen. Jedoch übertraf Apollodorus hierinnen
uns alle. Du kennest ihn, und sein weichmüthiges
Wesen.

Echekrates.

Wie sollte ich ihn nicht kennen?

Phädon.

Dieser machte die seltsamsten Bewegungen. Er
empfand alles weit feuriger, war entzückt, wenn wir

　　　　　　　lächel=

lächelten, und wo uns die Augen wie bethauet waren, da schwamm er in Zähren. Wir wurden durch ihn fast mehr gerührt, als durch den Anblick unsers sterbenden Freundes.

Echekrates.

Wer waren denn die Anwesenden alle?

Phädon.

Von den hiesigen Stadtleuten: Apollodorus, Kritobulus und sein Vater Krito, Hermogenes, Epigenes, Aeschines, Antisthenes, Ktesippus, Menexenus und noch einige andere. Plato, glaube ich, war krank.

Echekrates.

Waren auch Fremde da?

Phädon.

Ja! aus Theben; Simmias, Cebes und Phädondes, und aus Megara; Euklides und Terpsion.

Echekrates.

Wie? waren denn Aristippus und Alcombrotus nicht da?

Phädon.

O nein! Diese sollen sich damals zu Aegine aufgehalten haben.

Eche

Echekrates.

Sonst war also niemand dabey?

Phädon.

Ich weiß mich auf keinen mehr zu besinnen.

Echekrates.

Nun, mein Lieber! was für Unterredungen sind dabey vorgefallen?

Phädon.

Ich werde dir alles vom Anfange bis zum Ende erzählen.

Wir waren gewohnt, so lange Sokrates im Gefängnisse saß, ihn täglich zu besuchen. Wir pflegten zu diesem Ende in der Gerichtsstube zusammen zu kommen, in welcher das Urtheil über ihn gesprochen worden (denn diese ist sehr nahe am Gefängnisse), und allda uns so lange mit Gesprächen zu unterhalten, bis die Kerkerthür aufgethan ward, welches denn nicht sehr früh zu geschehen pflegt. So bald diese aufgieng, begaben wir uns zum Sokrates, und brachten mehrentheils den ganzen Tag bey ihm zu. Den letzten Morgen fanden wir uns früher als gewöhnlich ein, denn wir erfuhren Abends vorher, als wir nach Hause giengen, daß das Schiff von Delos angekommen sey; und beschlossen, das letzte mal uns so früh als möglich einzustellen.

D 4 Als

Als wir zusammen waren, kam uns der Schließ-
ser, der die Kerkerthür zu öffnen pflegte, entgegen,
bat uns, zu verziehen, und nicht hinein zu gehen,
bis er rufen würde. Denn die eilf Männer, sprach
er, nehmen itzt dem Sokrates die Fessel ab, und mel-
den ihm, daß er heute sterben müsse. Nicht lange
hernach kam er, uns zu rufen. Als wir hinein
giengen, fanden wir den so eben losgebundenen Sokrates auf dem Bette liegend. Xantippe, du kennest
sie, saß neben ihm in stiller Betrübniß, und hielt ihr
Kind auf dem Schooße. Als sie uns erblickte, fieng
sie an, nach Weiberart, überlaut zu jammern. Ach!
Sokrates! dich sehen heute deine Freunde,
und du sie zum letzten male! und ein Strom von
Thränen folgte auf diese Worte. Sokrates wandte
sich zum Krito, und sprach: Freund! laß sie nach
Hause bringen. —

Kritons Bedienten führten sie hinweg: sie gieng
und heulete, und zerschlug sich jämmerlich die Brust.
Wir standen wie betäubt. Endlich richtete sich Sokrates im Bette auf, krümmte das Bein, das vorhin gefesselt war, und indem er dasselbe mit der Hand
rieb, sprach er: O meine Freunde! welch ein seltsa-
mes Ding scheinet das zu seyn, was die Menschen angenehm nennen! wie wunderbar! Dem ersten Anblicke
nach ist es dem Unangenehmen entgegen gesetzt, indem keine Sache dem Menschen zu gleicher Zeit angenehm

genehm und unangenehm seyn kann; und dennoch
kann niemand ein; von diesen Empfindungen durch
die Sinne erlangen, ohne unmittelbar darauf die ent=
gegengesetzte zu fühlen, als wenn sie an beiden Enden
an einander befestiget wären. Hätte Aesopus dieses
bemerkt, fuhr er fort, so hätte er vielleicht folgende
Fabel erdichtet. „Die Götter wollten die streitenden
„Empfindungen mit einander vereinigen: als aber
„dieses sich nicht thun ließ, knüpften sie dieselben an
„beiden Enden zusammen, und seit der Zeit folgen
„sie sich einander beständig auf dem Fuße nach.“
So ergehet es mir auch itzt. Die Fessel hatten mir
Schmerzen verursacht, und itzt, da sie hinweg sind,
folgt die angenehme Empfindung nach.

Beym Jupiter! ergriff Cebes das Wort, gut,
daß du mich erinnerst, Sokrates! Du sollst, wie man
sagt, hier im Gefängnisse einige Gedichte verfertiget,
nehmlich Aesopische Fabeln poetisch ausgeführet, und
eine Hymne an den Apollo aufgesetzet haben. Nun
fragen mich viele, und vornehmlich der Dichter Eve=
nus, was dich hier auf die Gedanken gebracht; Ge=
dichte zu verfertigen, da du doch solches vorher nie=
mals gethan? Soll ich dem Evenus Bescheid
geben, wenn er mich wieder fragt: (und fragen
wird er gewiß,) so sage mir, was ich ihm antwor=
ten soll?

Sage

Sage ihm, o Cebes! erwiederte Sokrates,
nichts als die Wahrheit: daß ich diese Gedichte keinesweges in der Absicht verfertiget, ihm in der Dichtkunst den Rang abzulaufen; denn ich weiß, wie
schwer dieses ist; sondern bloß um eines Traumes
willen, dem ich mir vorgenommen in allen möglichen
Bedeutungen nachzuleben, und daher auch in dieser
Art von Musik, in der Dichtkunst, meine Kräfte zu
versuchen. Die Sache verhält sich aber folgender Gestalt. Ich hatte in vergangenen Zeiten sehr oft einen
Traum, der mir unter vielerley Gestalten erschien,
aber immer eben denselben Befehl gab: Sokrates!
befleiße dich der Musik und übe sie aus! Bisher hielt ich diese Ermahnung bloß für eine Aufmunterung und Anfrischung, wie man sie den Wettläu-
fern nachzurufen pflegt. Der Traum, dachte ich,
will mir nichts neues zu thun befehlen; denn die
Weltweisheit ist ja die vortreflichste Musik, und dieser habe ich mich stets beflissen; er will also bloß meinen Eifer, meine Liebe zur Weisheit anfeuern, damit sie nicht erkalte. Nunmehr aber, nachdem das
Urtheil über mich gesprochen worden, und das Fest
des Apollo meinen Tod eine zeitlang aufgeschoben,
kam mir der Gedanke ein, ob man mir nicht vielleicht
der gemeinen Musik obzuliegen befohlen, und ich
hatte Muße genug, diesen Gedanken nicht fruchtlos
verschwinden zu lassen. Ich machte den Anfang mit
einem Lobgesange auf den Gott, dessen Fest damals

ge-

gefeyert ward. Allein mir fiel nachher bey, daß, wer
Poet seyn will, Erdichtungen, aber nicht Vernunftsätze
behandeln müsse; daß aber ein Lobgesang keine Erdichtungen enthielte. Da ich nun selbst keine Gabe zu dich-
ten besitze; so bediente ich mich anderer Leute Erfindun-
gen, und brachte einige Fabeln des Aesops, die mir zuerst vor die Hand kamen, in Verse. — Dieses kannst du,
mein Cebes! dem Evenus antworten. Entbiete ihm
auch meinen Gruß, und wenn er weise ist, so mag er mir
bald folgen. Ich werde, allem Ansehen nach, auf Befehl der Athenienser noch heute abreisen.

Und dieses wünschest du dem Evenus? fragte Simmias. Ich kenne diesen Mann sehr gut, und so viel
ich von ihm urtheilen kann, dürfte er dir für diesen
Wunsch schlechten Dank wissen. — Wie? versetzte So-
rier, ist denn Evenus kein Weltweiser? Mich dünkt,
ja, sprach Simmias. — Nun so wird er mir gewiß
gerne folgen, erwiederte Sokrates, er, und jedermann,
der diesen Namen verdienet. Er wird zwar nicht selbst
Hand an sich legen; denn dieses ist unerlaubt, wie einem
jeden bekannt ist. — Indem er dieses sagte, ließ er beide
Füße vom Bette auf die Erde herab, um in dieser Stel-
lung die Unterredung fortzusetzen. Cebes fragte: Wie
ist dieses zu verstehen? Sokrates! Es ist nicht erlaubt,
sagst du, sich selbst zu entleiben, und dennoch soll jeder
Weltweise einem Sterbenden gerne nachfolgen?

Wie? Cebes! sprach Sokrates: Du und
Simmias, ihr habet beide den Weltweisen Philo-

laus

haus gehört, hat er euch denn niemals hiervon et
was gesagt?

Nichts Ausführliches, mein Sokrates!

Nun gut! Ich habe verschiedenes von der Sache
gehöret, und will euch solches gerne mittheilen.
Mich dünkt, wer reisen will, habe Ursach, sich nach
der Beschaffenheit des Landes, dahin er zu kommen
gedenkt, wohl zu erkundigen, um sich einen richtigen
Begriff davon zu machen. Diese Unterredung ist
also meinen jetzigen Umständen angemessen, und was
könnte man auch den heutigen Tag bis Sonnen Untergang Wichtigeres vornehmen?

Wodurch beweiset man, fragte Cebes, daß der
Selbstmord unerlaubt sey? Philolaus und andre
Lehrer haben mir zwar vielfältig eingeschärft, daß
er verboten sey, aber mehr hat mir niemand davon
beygebracht. —

Wohlan! Laß uns versuchen, ob wir nicht ein
mehreres davon heraus bringen können. Was meynest du, Cebes! ich behaupte, daß der Selbstmord
schlechterdings in allen möglichen Umständen unerlaubt
sey. Wir wissen, es giebt Leute, für welche es besser
wäre, gestorben zu seyn, als zu leben. Nun dürfte
es dich befremden, daß die Heiligkeit der Sitten auch
von diesen Unglücklichen fodern sollte, sich nicht selbst
wohl zu thun, sondern eine andere wohlthätige Hand
abzuwarten. — Das mag eine Stimme vom Jupiter erklären! antwortete Cebes lächelnd.

Und

Und gleichwohl iſt es ſo ſchwer nicht, dieſe anſcheinende Ungereimtheit durch Gründe zu tilgen. Was man in den Geheimniſſen zu ſagen pflegt, daß wir Menſchen hienieden wie die Schildwachen ausgeſtellt wären, und alſo unſere Poſten nicht verlaſſen dürften, bis wir abgelöſet würden, iſt zwar nicht ohne Grund, dürfte aber ſo leicht nicht begriffen werden. Allein ich habe einige Vernunftgründe, die nicht ſchwer zu faſſen ſind. Ich glaube als ausgemacht vorausſetzen zu können, die Götter (laßt mich jetzt ſagen Gott, denn wen habe ich zu ſcheuen?) Gott iſt unſer Eigenthumsherr, wir ſind ſein Eigenthum, und ſeine Vorſehung beſorgt unſer Beſtes. Sind dieſe Sätze nicht deutlich?

Sehr deutlich, ſprach Cebes.

Ein Leibeigner, der unter der Vorſorge eines gütigen Herrn ſtehet, handelt ſträflich, wenn er ſich den Abſichten deſſelben widerſetzt. Nicht?

Allerdings!

Vielleicht wenn ein Funken von Rechtſchaffenheit in ſeinem Buſen glimmet, muß es ihm eine wahre Freude ſeyn, die Wünſche ſeines Gebieters durch ſich erfüllet zu ſehen, und um ſo vielmehr, wenn er von der Geſinnung ſeines Herrn überzeugt iſt, daß ſein eigenes Beſtes an dieſen Wünſchen Theil nimmt.

Unver

Unvergleichlich! mein Sokrates! Aber wie? Cebes! als Gott den künstlichen Bau des menschlichen Leibes gewirkt, und ein vernünftiges Wesen hinein gesetzt, hatte er da böse oder gute Absichten?

Ohne Zweifel gute.

Denn er müßte sein Wesen, die selbständige Güte, verleugnen, wenn er mit seinem Thun und Lassen böse Absichten verknüpfen könnte; und was ist ein Gott, der sein Wesen verleugnen kann?

Ein Unding, Sokrates! ein fabelhafter Gott, dem das leichtgläubige Volk wandelbare Gestalten aus dichtet. Ich erinnere mich der Gründe gar wohl, mit welchen du bey einer andern Gelegenheit diesen lästerlichen Irrthum bestritten.

Derselbe Gott, Cebes! der den Leib gebauet, hat ihn auch mit Kräften ausgerüstet, die ihn stärken, erhalten, und vor allzufrühem Untergange bewahren. Wollen wir auch diesen Erhaltungskräften höchst gütige Absichten zum Ziele setzen?

Wie könnten wir anders?

Als treugesinnten Leibeigenen also muß es uns eine heilige Pflicht seyn, die Absichten unsers Eigenthumsherrn zu ihrer Reife gedeihen zu lassen, sie nicht gewaltsamer Weise in ihrem Laufe zu hemmen; sondern vielmehr alle unsere freywilligen Handlungen mit denselben auf das vollkommenste übereinstimmen zu lassen.

Das

Darum habe ich geſagt, mein lieber Cebes! daß die Weltweisheit die vortreflichſte Muſik ſey, denn ſie lehret uns, unſere Gedanken und Handlungen ſo einzurichten, daß ſie, ſo viel uns möglich iſt, mit den Abſichten des allerhöchſten Eigenthumsherrn voll= kommen übereinſtimmen. Iſt nun die Muſik eine Wiſſenſchaft, das Schwache mit dem Starken, das Rauhe mit dem Sanften, und das Unangenehme mit dem Angenehmen in eine Harmonie zu bringen: ſo kann gewiß keine Muſik herrlicher und vortreflicher ſeyn, als die Weltweisheit, die uns lehret, nicht nur unſere Gedanken und Handlungen unter ſich, ſondern auch die Handlungen des Endlichen mit den Abſichten des Unendlichen, und die Gedanken des Erdbewohners mit den Gedanken des Allwiſſenden in eine große und wundervolle Harmonie zu ſtimmen. — O Cebes! und der verwegene Sterbliche ſollte ſich erdreiſten, dieſe entzückende Harmonie zu zerſtören?

Er würde den Abſcheu der Götter und Menſchen verdienen, mein lieber Sokrates!

Sage mir aber auch dieſes, mein Trauter! Sind die Kräfte der Natur nicht Diener der Gottheit, die ihre Befehle vollſtrecken?

Allerdings!

Sie ſind alſo auch Wahrſager, die uns den Wil= len und die Abſichten der Gottheit weit richtiger ver= kündigen, als die Eingeweide der Schlachtopfer; denn

das

das ist unstreitig ein Rathschluß des Allerhöchsten, wohin die von ihm erschaffene Kräfte abzielen. Nicht?

Wer kann dieses leugnen?

So lange uns also diese Wahrsager andeuten, daß die Erhaltung unsers Lebens zu den Absichten Gottes gehöre, sind wir verpflichtet, unsere freyen Handlungen denselben gemäß einzurichten, und haben weder Fug noch Recht, den Erhaltungskräften unserer Natur Gewalt anzuthun, und die Diener der obersten Weisheit in ihrer Verrichtung zu stören. Diese Schuldigkeit liegt uns so lange ob, bis Gott uns durch eben dieselben Wahrsager den ausdrücklichen Befehl zuschickt, dieses Leben zu verlassen, so wie er ihn heute mir zugeschickt hat.

Ich bin völlig überzeugt, sprach Cebes. Allein nunmehr begreife ich um so viel weniger, mein lieber Sokrates! wie du vorhin hast sagen können, ein jeder Weltweiser müsse einem Sterbenden gerne folgen wollen. Ist dieses wahr, was du itzt behauptest, daß wir ein Eigenthum Gottes sind, und daß derselbe unser Bestes besorge: so scheinet jener Satz ungereimt. Wie? soll ein vernünftiger Mann sich nicht betrüben, wenn er die Dienste eines Oberherrn verlassen muß, der sein bester und gütigster Versorger ist? Und wenn er auch hoffen könnte, durch den Tod frey, und sein eigener Herr zu werden: wie kann der

unver

unverständige Mündel sich schmeicheln, unter seiner
eigenen Anführung besser zu stehen, als unter der
Anführung des allerweisesten Vormundes? Ich sollte
meynen, es sey vielmehr ein großer Unverstand, wenn
man sich durchaus in Freyheit setzen, und auch den
besten Oberherrn nicht über sich leiden will. Wer
Vernunft besitzet, wird sich allezeit mit Vergnügen der
Aufsicht eines andern unterwerfen, dem er bessere
Einsichten zutrauet, als sich selbst. Ich würde also
gerade das Gegentheil von deiner Meynung heraus=
bringen. Der Weise, würde ich sagen, müsse sich
betrüben, der Thor aber freuen, wenn er ster=
ben soll.

Sokrates hörete ihm aufmerksam zu, und schien
sich an seiner Scharfsinnigkeit zu ergetzen. Sodann
kehrte er sich zu uns, und sprach: Cebes kann schon
einem zu schaffen machen, der wider ihn etwas be=
haupten will. Er hat beständig Ausflüchte.

Allein diesesmal, sprach Simmias, scheinet Ce=
bes nicht Unrecht zu haben, mein lieber Sokrates!
In der That, wodurch kann ein Weiser bewogen wer=
den, sich ohne Mißvergnügen der gütigen Vorsorge
des allerweisesten Aufsehers zu entziehen? — Und wo
mir recht ist, Sokrates! so zielet Cebes mit seinen
Einwürfen eigentlich wider deine itzige Aufführung,
der du so gelassen, so willig, nicht nur uns alle ver=

E   lässest,

lässest, denen dein Tod so schmerzlich fällt; sondern dich auch der Aufsicht und Vorsorge eines solchen Beherrschers entäußerst, den du uns als das weiseste und gütigste Wesen zu verehren gelehret hast.

So? sprach Sokrates, man hat mich angeklaget, wie ich höre? Ich werde mich also wohl förmlich vertheidigen müssen?

Allerdings! sprach Simmias.

Gut! versetzte Sokrates: Ich will mich bemühen, meine jetzige Schutzrede besser einzurichten, als die, welche ich vor meinen Richtern gehalten habe.

Höre, Simmias! und du, Cebes! Hätte ich nicht Hoffnung, da, wo ich hinkomme, erstlich immer noch unter demselben gütigsten Versorger zu stehen, und zweytens, die Seelen der Verstorbenen anzutreffen, deren Umgang aller Freundschaft hienieden vorzuziehen ist; so wär es freylich eine Thorheit, den Tod so wenig zu achten, und ihm willig in die Arme zu rennen.

So aber habe ich die allertröstlichsten Hoffnungen, daß mir beides nicht entstehen wird. Das letztere zwar getraue ich mir nicht mit aller Gewißheit zu behaupten; aber daß die Vorsehung Gottes auch da noch über mich walten werde, dieses, Freunde! behaupte ich so zuversichtlich, so gewiß, als ich in meinem

,nem Leben etwas behauptet habe. Darum betrübt
es mich auch nicht, daß ich verscheiden soll; denn ich
weiß, daß mit dem Tode noch nicht alles für uns aus ist.
Es folgt ein anderes Leben, und zwar ein solches,
das, wie die alte Sage versichert, für Tugendhafte
weit glückseliger seyn wird, als für Lasterhafte.

Wie da? sprach Simmias, mein lieber Sokrates!
Willst du diese heilsame Versicherung im Innersten
deiner Seele verschlossen mitnehmen? oder auch uns
eine Lehre gönnen, die so viel tröstliches hat? Es ist
billig, seinen Freunden ein so herrliches Gut mitzu=
theilen, und wenn du uns von deiner Meynung über=
zeugest, so ist auch deine Schutzrede fertig.

Ich will es versuchen, versetzte er. Doch laß
uns erst den Kriton hören, der schon lange etwas
sagen zu wollen scheinet.

Ich? nichts, mein Lieber! erwiederte Kriton. —
Der Mann hier, der dir den Gift bringen soll, läßt
mir keine Ruhe: ich soll dich bitten, nicht so viel zu
reden. Man erhitzt sich so sehr, spricht er, und
dann wirkt der Trank so gut nicht. Er hätte schon
öfters einen zweyten oder dritten Gifttrunk bereiten
müssen, für Leute, die sich das Reden nicht hätten
verwehren lassen.

Laß ihn, im Namen der Götter! sprach Sokra=
tes, hingehen und sein Amt versehen. Er halte den

E 2   zwey=

zweyten Gifttrunk bereit, oder den dritten, wenn er
meynet. —

Diese Antwort hatte ich mir vermuthet, sprach
Kriton; allein der Mensch will nicht ablassen. —

O laß ihn! versetzte Sokrates. Ich habe hier
meinen Richtern Rechenschaft zu geben, warum ein
Mensch, der in der Liebe zur Weisheit grau geworden, in den letzten Stunden fröhliches Muths seyn
müsse, indem er sich nach dem Tode die größte Seligkeit zu versprechen hat. Mit welchem Grunde,
Simmias und Cebes! ich dieses behaupte, will ich
zu erklären suchen. —

Das wissen vielleicht die wenigsten, meine Freunde! daß, wer sich der Liebe zur Weisheit wahrhaftig
ergeben, seine ganze Lebenszeit dazu anwendet, mit
dem Tode vertrauter zu werden, sterben zu lernen.
Ist aber dieses: welch eine Ungereimtheit wäre es
nicht, in seinem ganzen Leben, alle Wünsche, alle
Bemühungen nach einem einzigen Ziele zu lenken,
und sich doch zu betrüben, wenn das längst erwünschte Ziel endlich erreicht wird?

Simmias lachte. Beym Jupiter! sprach er,
Sokrates! ich muß lachen, so wenig ich auch dazu
aufgelegt bin. Was du hier sagst, dürfte das Volk
nicht so sehr befremden, als du meynest. Das hie-
sige insbesondre könnte dir sagen: wie sie gar wohl
wüß-

wüßten, daß die Weltweiſen ſterben lernen wollten, daher ſie ihnen auch das wiederfahren ließen, was ſie verdieneten, und wornach ſie ſich ſehneten.

Ich würde ihnen alles einräumen, Simmias! nur das nicht, daß ſie es einſehen. Sie wiſſen nicht, was der Tod iſt, nach dem die Weltweiſen ſich ſehnen, und in wie weit ſie ihn verdienen. Doch was gehen uns jene an? Ich rede itzt mit meinen Freunden.

Iſt der Tod nicht etwas, das ſich beſchreiben und erklären läßt?

Freylich! verſetzte Simmias.

Iſt er aber etwas anders, als eine Trennung des Leibes und der Seele? — Sterben nehmlich heißt dieß nicht, wenn die Seele den Leib, und der Leib die Seele dergeſtalt verläßt, daß ſie keine Gemeinſchaft untereinander mehr haben, und jeder für ſich bleibet? Oder weißt du deutlicher anzuzeigen, was der Tod ſey?

Nein! mein Lieber!

Ueberlege einmal, Freund! ob es dir auch ſo vorkömmt, wie mir. Was meyneſt du? Wird der wahre Liebhaber der Weisheit den ſogenannten Wollüſten nachhängen, und nach köſtlichen Speiſen und Getränken ſo ſonderlich ſtreben?

E 3 Nichts

Nichts weniger, antwortete Simmias.

Wird er der Liebe ergeben seyn?

Eben so wenig!

Und in Ansehung der übrigen Leibesbequemlich-
keiten? Wird er in seinen Kleidern z. B. auf Pracht
und Ueppigkeit sehen, oder wird er sich mit dem
Nothwendigen begnügen und das Ueberflüßige nicht
achten?

Was man entbehren kann, sprach jener, macht
dem Weisen keine Sorgen.

Wollen wir nicht überhaupt sagen, fuhr Sokrates fort, der Weltweise suchet sich aller unnöthiger
Leibessorgen zu entschlagen, um mit mehrerer Achtsamkeit der Seele warten zu können?

Warum nicht?

Er unterscheidet sich also schon hierinn von den
übrigen Menschen, daß er sein Gemüth nicht ganz
von den Leibesangelegenheiten fesseln läßt, sondern
seine Seele zum Theil der Gemeinschaft des Leibes
zu entwöhnen sucht?

Es scheint so.

Der größte Haufe der Menschen, o Simmias!
wird dir sagen, daß der nicht zu leben verdiene, wer
                                                    die

die Annehmlichkeiten des Lebens nicht genießen will. Das nennen sie, sich nach dem Tode sehnen, wenn man dem sinnlichen Wohlleben absagt und sich aller fleischlichen Wollust enthält.

Dieß ist die Wahrheit, Sokrates!

Ich gehe weiter. Hindert der Körper nicht öfters den Weisheitliebenden im Nachdenken, und wird er sich sonderlichen Fortgang in der Weisheit verspre-chen können, wenn er sich nicht von den sinnlichen Gegenständen zu erheben gelernet hat? — Ich er-kläre mich — Die Eindrücke des Gesichts und des Gehörs sind, so, wie sie uns von den Gegenständen zugeschickt werden, bloß einzelne Empfindungen, noch keine Wahrheiten; denn diese müssen erst durch allge-meine Vernunftgründe aus ihnen gezogen werden. Nicht?

Allerdings!

Auch als einzelnen Empfindungen ist ihnen nicht völlig zu trauen, und die Dichter singen mit Recht: die Sinne täuschen und begreifen nichts deutlich. Was wir hören und sehen, ist voller Verwirrung und Dunkelheit. Können uns aber diese beiden Sinne keine deutlichen Einsichten gewähren: so wird der übrigen weit undeutlichern Sinnen gar nicht zu ge-denken seyn.

Freylich nicht.

E 2   Wie

Wie muß es nun die Seele anfangen, wenn sie zur Wahrheit gelangen will? Wo sie sich auf die Sinne verläßt, so ist sie betrogen.

Richtig!

Sie muß also nachdenken, urtheilen, schließen, erfinden; um durch diese Mittel, so viel möglich, in das wahre Wesen der Dinge einzudringen.

Ja!

Aber wann geht das Nachdenken am besten von statten? Mich dünkt, wenn wir uns gleichsam nicht fühlen, wenn weder Gesicht noch Gehör, weder angenehme noch unangenehme Empfindungen uns an uns selbst erinnern. Alsdann ziehet die Seele ihre Aufmerksamkeit von dem Körper ab, verläßt, so viel sie kann, seine Gesellschaft, um in sich versammelt, nicht den Sinnenschein, sondern das Wesen, nicht die Eindrücke, wie sie uns zugeführet werden, sondern das, was sie wahres enthalten, zu betrachten.

Richtig!

Abermals eine Gelegenheit, bey welcher die Seele des Weisen den Leib zu meiden, und sich, so viel sie kann, von ihm zu entfernen suchen muß.

Allem Ansehen nach!

Um

Um die Sache noch deutlicher zu machen: Iſt das Wort allerhöchſte Vollkommenheit ein bloſ ſer Begriff, oder bedeutet es ein wirkliches Weſen, das außer uns vorhanden iſt?

Freylich ein wirkliches, außer uns vorhandenes, ſchrankenloſes Weſen, dem das Daſeyn vorzugsweiſe zukommen muß, mein Sokrates!

Und die allerhöchſte Güte, und die allerhöchſte Weisheit? Sind dieſe auch etwas Wirkliches?

Beym Jupiter! ja! Es ſind unzertrennliche Eigenſchaften des allervollkommenſten Weſens, ohne welche jenes nicht da ſeyn kann.

Wer hat uns aber dieſes Weſen kennen gelehret? Mit den Augen des Leibes haben wir es doch nie geſehen?

Gewiß nicht!

Wir haben es auch nicht gehört, nicht gefühlt; kein äußerlicher Sinn hat uns je einen Begriff von Weisheit, Güte, Vollkommenheit, Schönheit, Denkungsvermögen, u. ſ. w. zugeführet, und dennoch wiſſen wir, daß dieſe Dinge außer uns wirklich ſind, in dem allerhöchſten Grade wirklich ſind. Kann uns niemand erklären, wie wir auf dieſe Begriffe gekommen ſind?

E f   Sim*

Simmias sprach, die Stimme Jupiters, mein lieber Sokrates! Ich werde mich abermals auf dieselbe berufen.

Wie? meine Freunde! wenn wir in jenem Zimmer eine vortrefliche Flötenstimme hörten, würden wir nicht hinlaufen, den Flötenspieler zu kennen, der unser Ohr so sehr zu entzücken weiß?

Vielleicht jetzo nicht, lächelte Simmias, da wir hier die vortreflichste Musik hören.

Wenn wir ein Gemälde betrachten, fuhr Sokrates fort, so wünschen wir, die Meisterhand zu kennen, die es verfertiget hat. Nun liegt in uns selbst das allervortreflichste Bild, das Götteraugen und Menschenaugen jemals gesehen, das Bild der allerhöchsten Vollkommenheit, Güte, Weisheit, Schönheit, u. s. w. und wir haben uns noch nie nach dem Maler erkundigt, der diese Bilder hineingezeichnet?

Cebes erwiederte: Ich erinnere mich einst vom Philolaus eine Erklärung gehört zu haben, die der Sache vielleicht Genüge thut.

Will Cebes seine Freunde, versetzte Sokrates, nicht an dieser Hinterlassenschaft des glückseligen Philolaus Theil nehmen lassen?

Wenn diese, sprach Cebes, die Erklärung nicht lieber von einem Sokrates hören möchten. Doch

es

es ſey! — Alle Begriffe von unkörperlichen Dingen, ſprach Philolaus, hat die Seele nicht von den äußern Sinnen, ſondern durch ſich ſelbſt erlangt, indem ſie ihre eigenen Wirkungen beobachtet, und dadurch ihr eigenes Weſen und ihre Eigenſchaften kennen lernt. — Dieſes deutlicher zu machen, habe ich ihn oft eine Erdichtung hinzuſetzen hören: Laßt uns vom Homer, pflegte er zu ſagen, die beiden Tonnen entlehnen, die in dem Vorſaale Jupiters liegen, aber zugleich uns die Freyheit ausbitten, ſie nicht mit Glück und Unglück, ſondern die zur Rechten mit wahrem Weſen, und die zur Linken mit Mangel und Unweſen anzufüllen. — So oft die Allmacht Jupiters einen Geiſt hervorbringen will, ſo ſchöpft er aus dieſen beiden Tonnen, wirft einen Blick auf das ewige Schickſal, und bereitet, nach deſſen Maßgebung, eine Miſchung von Weſen und Mangel, welche die völlige Grundanlage des künftigen Geiſtes enthält. Daher findet ſich zwiſchen allen Arten von geiſtigen Weſen eine verwundernswürdige Aehnlichkeit; denn ſie ſind alle aus eben den Tonnen geſchöpft, und nur an der Miſchung unterſchieden. Wenn alſo unſere Seele, welche gleichfalls nichts anders iſt, als eine ſolche Miſchung von Weſen und Mangel, ſich ſelbſt beobachtet, ſo erlanget ſie einen Begriff von dem Weſen der Geiſter und ihren Schranken, von Vermögen und Unvermögen, Vollkommenheit und Unvollkommenheit, von Verſtand, Weisheit, Kraft,

Ab-

Abſicht, Schönheit, Gerechtigkeit und tauſend andern unkörperlichen Dingen, über welche ſie die äuſ-
ſeren Sinne in der tiefſten Unwiſſenheit laſſen würden.

Wie unvergleichlich! verſetzte Sokrates. Siehe,
Cebes! Du beſitzeſt einen ſolchen Schatz, und woll-
teſt mich ſterben laſſen; ohne mir denſelben einmal zu
zeigen! — Doch laß ſehen, wie wir ihn noch vor dem
Tode genieſen wollen. Philolaus ſagte alſo: Die
Seele erkennet ihre Nebengeiſter, indem ſie ſich ſelbſt
beobachtet. Nicht?

Ja!

Und ſie erlanget Begriffe von unkörperlichen Dingen, indem ſie ihre eigenen Fähigkeiten auseinander
ſetzt, und jeder, um ſie deutlicher unterſcheiden zu
können, einen beſondern Namen giebt?

Allerdings.

Wenn ſie aber ein höheres Weſen, als ſie ſelbſt
iſt, einen Dämon z. B. ſich denken will, wer wird
ihr die Begriffe dazu hergeben?

Cebes ſchwieg, und Sokrates fuhr fort: Habe ich die Meynung des Philolaus anders recht begriffen, ſo kann ſich die Seele zwar niemals von einem höhern Weſen, als ſie ſelbſt iſt, oder nur von
einer höhern Fähigkeit, als ſie ſelbſt beſitzet, einen der
Sache gemäßen Begriff machen; allein ſie kann gar
　　　　　　　　　　　　　　　　　　wohl

wohl überhaupt die Möglichkeit eines Dinges begrei=
fen, dem mehr Weſen und weniger Mängel zu Thei=
le worden, als ihr ſelbſt, das heißt, welches vollkom=
mener iſt, als ſie; oder haſt du es vielleicht vom Phi=
lolaus anders gehört?

Nein!

Und von dem allerhöchſten Weſen, von der aller=
höchſten Vollkommenheit hat ſie auch nicht mehr, als
dieſen Schimmer einer Vorſtellung. Sie kann das
Weſen deſſelben nicht in ſeinem ganzen Umfange begreif=
fen *); aber ſie denkt ihr eigenes Weſen, das, was

             ſie

---

*) Einige Weltweiſe wollen uns durch die Betrach=
   tung demüthigen, daß wir von Gott nicht wiſſen,
   was er iſt, ſondern was er nicht iſt, und ſtel=
   len durch eine unmerkliche Verbrehung die Sache
   ſo vor, als wenn wir von Gott und ſeinen Eigen=
   ſchaften gar nichts wüßten. Nun iſt es nicht zu
   läugnen, daß wir von dem wahren Begriffe einer
   Sache noch weit entfernt ſeyn können, wenn wir
   auch wiſſen, daß ſie dieſes, oder jenes nicht ſey.
   Allein wie oft iſt nicht ſchon mit Grunde ange=
   merkt worden, daß wir dem vollkommenſten We=
   ſen nur Mängel und Einſchränkungen abſprechen,
   und dieſe Art von Verneinungen den Werth wah=
   rer Bejahungen habe. Daß wir zuweilen für gut
                fin=

sie Wahres, Gutes, und Vollkommenes hat, trennet
es in Gedanken von dem Mangel und Unwesen, mit
welchem es in ihr vermischt ist, und geräth dadurch
auf den Begriff eines Dinges, das lauter Wesen,
lauter Wahrheit, lauter Güte und Vollkommenheit
ist. —

Appol-

finden, die Eigenschaften Gottes verneinungsweise
auszudrücken, ist eigentlich dem Ursprung unserer
Begriffe von Gott zuzuschreiben, als welche die
Verneinung unserer eigenen Mängel und Schwachheiten zum Grunde haben. Das Wort unveränderlich z. B. ist die Verneinung einer Unvollkommenheit, und im Grunde ein positiver Begriff,
nehmlich immer dasselbe; aber wir drücken diesen Begriff verneinungsweise aus, weil wir durch
die Verneinung der uns beywohnenden Veränder-
lichkeit darauf gekommen sind. In diesem Verstande ist also der angeführte Satz ein bloßer Einfall, der der Wahrheit keinen Eintrag thun muß.
Will man aber nur so viel sagen, daß wir von den
positiven Eigenschaften Gottes keine Anschauung,
keine selbstgefühlte Vorstellung haben; so wird
dieses willig zugegeben, jedoch mit Verzicht auf
die Folgen, die mancher aus diesem an sich zwar
unschuldigen, aber spielend ausgedrückten Satze
hat

Appollodorus, der bisher alle Worte des Sokrates leise nachgesprochen hatte, gerieth hier in
Entzückung, und wiederholte laut: Das lauter Wesen,
lauter Wahrheit, lauter Güte, lauter Vollkommenheit ist.

Un...

... hat sieben wollen. Das wenige, was uns von
den göttlichen Eigenschaften bekannt ist, verliert dadurch weder seine Wahrheit noch Gewißheit, weder Leben noch Ueberzeugung. Können wir gleich
die Unendlichkeit der göttlichen Vollkommenheiten
nie selbst fühlen; so haben wir doch durch die innere Anschauung unserer selbst die Grundlage zu
diesen Vollkommenheiten kennen lernen, und diese
anschauend erkannte Grundlage mit der hinzuge-
fügten symbolischen Absonderung der Mängel und
Einschränkungen geben einer Menge von Lehrsätzen
und Folgen ihre ausgemachte Gewißheit. Saun-
derson hatte keine selbstgefühlte Vorstellung vom
Lichte; aber die allgemeine Aehnlichkeit des Gesichts mit den übrigen Sinnen machte es möglich,
ihm einige Merkmale der Lichtstrahlen durch Worte beyzubringen, und die ganze Theorie der Optik,
die er seinen Zuhörern aus diesen Grundbegriffen
erklärte, war nichts destoweniger unumstößlich.

Und Sokrates fuhr fort: Sehet ihr, meine Freunde! wie weit sich der Weisheitliebende von den Sinnen und ihren Gegenständen entfernen muß, wenn er das begreifen will, was zu begreifen wahre Glückseligkeit ist, das allerhöchste und vollkommenste Wesen? In dieser Gedankenjagd muß er Augen und Ohren verschließen, Schmerz und Sinnenlust ferne von seiner Achtsamkeit seyn lassen, und wenn es möglich wäre, seines Leibes ganz vergessen, um desto einsamer sich ganz auf seine Seelenvermögen und ihre innere Wirksamkeit einzuschränken.

Der Leib ist seinem Verstande bey dieser Untersuchung nicht nur ein unnützlicher, sondern auch ein beschwerlicher Gesellschafter: denn jetzt sucht er weder Farbe noch Größe, weder Töne noch Bewegung, sondern ein Ding, das alle mögliche Farben, Größen, Töne und Bewegungen, und, was noch weit mehr ist, alle mögliche Geister sich aufs deutlichste vorstellet, und in allen ersinnlichen Ordnungen hervorbringen kann. Welch ein unbehülflicher Gefährte ist der Körper auf dieser Reise?

Wie erhaben! rief Simmias, aber auch wie wahr!

Die wahren Weltweisen, sprach Sokrates, die diese Gründe in Erwägung ziehen, können nicht anders, als diese Meynung hegen, und einer zum

aus

andern sprechen: Siehe! hier ist ein Irrweg, der uns immer vom Ziele weiter weg führet, und alle unsere Hoffnungen vereitelt. Wir sind versichert, daß die Erkänntniß der Wahrheit unser einziger Wunsch sey. Aber so lange wir uns hier auf Erden mit dem Leibe schleppen; so lange unsere Seele noch mit dieser irrdischen Seuche behaftet ist; können wir uns unmöglich schmeicheln, diesen Wunsch ganz erfüllt zu sehen. Wir sollen die Wahrheit suchen. Leider! läßt uns der Körper wenig Muße zu dieser wichtigen Unternehmung. Heute fordert sein Unterhalt unsere ganze Sorge; morgen fechten ihn Krankheiten an, die uns abermals stören; so dann folgen andere Leibesangelegenheiten, Liebe, Furcht, Begierden, Wünsche, Grillen und Thorheiten, die uns unaufhörlich zerstreuen, die unsere Sinnen von einer Eitelkeit zur andern locken, und uns nach dem wahren Gegenstande unserer Wünsche, nach der Weisheit, vergebens schmachten lassen. Wer erregt Krieg, Aufruhr, Streit und Uneinigkeit unter den Menschen? wer anders, als der Körper, und seine unersättlichen Begierden? Denn die Habsucht ist die Mutter aller Unruhen, und unsere Seele würde niemals nach eigenthümlichen Besitzungen geizen, wenn sie nicht für die hungrigen Begierden ihres Leibes zu sorgen hätte. Solchergestalt sind wir die meiste Zeit beschäfftiget, und haben selten Muße zur Weltweisheit. Endlich, erzielet man auch irgend eine müßige Stunde, und

F   macht

macht sich bereit, die Wahrheit zu umarmen: so stehet uns abermals dieser Störer unsrer Glückseligkeit, der Leib, im Wege, und bietet uns seine Schatten, statt der Wahrheit, an. Die Sinne halten uns, wider unsern Dank, ihre Scheinbilder vor, und erfüllen die Seele mit Verwirrung, Dunkelheit, Trägheit und Aberwitz: und sie soll in diesem allgemeinen Aufruhr gründlich nachdenken und die Wahrheit erreichen? unmöglich! Wir müssen also die seligen Augenblicke abwarten, in welchen Stille von Außen und Ruhe von Innen uns das Glück verschafft, den Leib völlig aus der Acht zu schlagen, und mit den Augen des Geistes nach der Wahrheit hinzusehen. Aber wie selten, und wie kurz sind auch diese seligen Augenblicke! —

Wir sehen ja deutlich, daß wir das Ziel unserer Wünsche, die Weisheit, nicht eher erreichen werden, als nach unserm Tode; beym Leben ist keine Hoffnung dazu. Denn kann anders die Seele, so lange sie im Leibe wohnet, die Wahrheit nicht deutlich erkennen, so müssen wir eines von beiden setzen: entweder, wir werden sie niemals erkennen, oder, wir werden sie nach unserm Tode erkennen, weil die Seele alsdann den Leib verläßt, und vermuthlich in dem Fortgange zur Weisheit weit weniger aufgehalten wird. Wollen wir uns aber in diesem Leben zu jener seligen Erkenntniß vorbereiten, so müssen wir unterdessen dem

Leibe

Leibe nicht mehr gewähren, als was die Nothwendig-
keit erfordert; wir müssen uns seiner Begierden und
Lüste enthalten, und uns, so oft als möglich, im Nachdenken üben, bis es dem Allerhöchsten gefallen wird,
uns in Freyheit zu setzen. Alsdann können wir hoffen, von den Thorheiten des Leibes befreyet, die
Quelle der Wahrheit, das allerhöchste und vollkommenste Wesen, mit lautern und heiligen Sinnen zu
beschauen, indem wir vielleicht andere neben uns eben
derselben Glückseligkeit geniessen sehen. — Diese Sprache, mein lieber Simmias! dürfen die wahren Wiß-
sensbegierigen unter einander führen, wenn sie sich
von ihren Angelegenheiten besprechen, und diese Meynung müssen sie auch hegen, wie ich glaube; oder
dünkt es dich anders?

Nicht anders, mein Sokrates!

Wenn aber dem also ist, mein Lieber! hat ein
solcher, der mir heute nachfolget, nicht große Hoffnung, da wo wir hinkommen, besser als irgend wo, das
zu erlangen, wornach er im gegenwärtigen Leben so sehr
gerungen?

Allerdings!

Ich kann also meine Reise heute mit guter Hoffnung antreten, und jeder Wahrheitliebender mit mir,
wenn er bedenkt, daß ihm ohne Reinigung und Vor-

F 2   berei-

bereitung kein freyer Zutritt zu den Geheimnissen der Weisheit verstattet wird.

Dieses kann nicht geleugnet werden, sprach Simmias.

Diese Reinigung aber ist nichts anders, als die Entfernung der Seele von dem Sinnlichen, und anhaltende Uebung über das Wesen und die Eigenschaften der Seele selbst Betrachtungen anzustellen, ohne sich darinn etwas, das nicht die Seele ist, irren zu lassen; mit einem Worte, die Bemühung, sowohl in diesem als in dem zukünftigen Leben, die Seele von den Fesseln des Leibes zu befreyen, damit sie ungehindert sich selbst betrachten, und dadurch zur Erkenntniß der Wahrheit gelangen möge.

Allerdings!

Die Trennung des Leibes von der Seele nennet man den Tod.

Freylich.

Die wahren Liebhaber der Weisheit wenden also alle ersinnliche Mühe an, sich dem Tode, so viel sie können, zu nähern, sterben zu lernen. Nicht?

Es scheinet so.

Wäre es nun aber nicht höchst ungereimt, wenn ein Mensch, der in seinem ganzen Leben nichts gelernet,

net, als die Kunst zu sterben, wenn ein solcher, sage
ich, zuletzt sich betrüben wollte, da er den Tod sich
nahen sieht; wäre es nicht lächerlich?

Unstreitig.

Also, Simmias! muß den wahren Weltweisen
der Tod niemals schrecklich, sondern allezeit willkom=
men seyn. — Die Gesellschaft des Leibes ist ihnen bey
allen Gelegenheiten beschwerlich; denn wofern sie den
wahren Entzweck ihres Daseyns erfüllen wollen, so
müssen sie suchen die Seele vom Leibe zu trennen, und
gleichsam in sich selbst zu versammeln. Der Tod ist
diese Trennung, die längstgewünschte Befreyung von
der Gesellschaft des Leibes. Welche Ungereimtheit
also, bey Herannahung desselben zu zittern, sich zu be=
trüben! Getrost und fröhlich vielmehr müssen wir da=
hin reisen, wo wir Hoffnung haben, unsere Liebe zu
umarmen, ich meyne die Weisheit, und des überläst=
gen Gefährten los zu werden, der uns so vielen Kum=
mer verursacht hat. Wie? gemeine und unwissende
Leute, denen der Tod ihre Gebieterinnen, ihre Wei=
ber oder ihre Kinder geraubt, wünschen in ihrer Be=
trübniß nichts sehnlicher, als die Oberwelt verlassen
und zu dem Gegenstande ihrer Liebe, oder ihrer Be=
gierden, hinabsteigen zu können: und diese, die ge=
wisse Hoffnung haben, ihre Liebe nirgend in solchem
Glanze zu erblicken, als in jenem Leben, diese sind
voller Angst? diese beben? und treten nicht vielmehr

F 2   mit

mit Freuden die Reise an? O nein! mein Lieber
nichts ist ungereimter, als ein Weltweiser, der den
Tod fürchtet.

Beym Jupiter! ganz vortreflich, rief Simmias.

Zittern und voller Angst seyn, wenn der Tod
winkt, kann dieses nicht für ein untrügliches Kennzei=
chen genommen werden, daß man nicht die Weisheit,
sondern den Leib, das Vermögen, die Ehre, oder
alle drey zusammen liebet?

Ganz untrüglich.

Wem geziemet die Tugend, die wir Mannhaf=
tigkeit nennen, mehr als dem Weltweisen?

Niemanden!

Und die Mäßigkeit, diese Tugend, die in der
Fertigkeit bestehet, seine Begierden zu bezähmen, und
in seinem Thun und Lassen eingezogen und sittsam zu
seyn, wird sie nicht vornehmlich bey dem zu suchen
seyn, der seinen Leib nicht achtet, und blos in der Welt=
weisheit lebt und webt?

Nothwendig, sprach er.

Aller übrigen Menschen Mannhaftigkeit und Mäß=
sigkeit wird dir ungereimt scheinen, wenn du sie näher
betrachtest.

Wie so? mein Sokrates!

Du

Du weißt, versetzte er, daß die mehresten Menschen den Tod für ein sehr großes Uebel halten.

Richtig, sprach er.

Wenn also diese, so genannten tapfern und mannhaften Leute, unerschrocken sterben, so geschiehet es bloß aus Furcht eines noch größern Uebels.

Nicht anders.

Also sind alle Mannhaften, außer den Weltweisen, bloß aus Furcht unerschrocken. Ist aber eine Unerschrockenheit aus Furcht nicht höchst ungereimt?

Dieses ist nicht zu leugnen.

Mit der Mäßigkeit hat es dieselbe Beschaffenheit. Aus Unmäßigkeit leben sie mäßig und enthaltsam. Man sollte dieses für unmöglich halten, und dennoch trifft es bey dieser unvernünftigen Mäßigkeit völlig ein. Sie enthalten sich gewisser Wollüste, um andere, nach welchen sie gieriger sind, desto ungestörter genießen zu können. Sie werden Herren über jene, weil sie von diesen Knechte sind. Frage sie, sie werden dir freylich sagen, sich von seinen Begierden beherrschen zu lassen, sey Unmäßigkeit; allein sie selbst haben die Herrschaft über gewisse Begierden nicht anders erlangt, als durch die Sklaverey gegen andere, die noch ausgelassener sind. Heißet nun dieses nicht gewisser maßen aus Unmäßigkeit enthaltsam seyn?

Allem Ansehen nach.

O mein

O mein theurer Simmias! Wolluſt gegen Wol
luſt, Schmerz gegen Schmerz, und Furcht gegen
Furcht vertauſchen, gleichſam, wie Münze, für ein
großes Stück viele kleine einwechſeln: dieß iſt nicht
der Weg zur wahren Tugend. Die einzige Münze,
die gültig iſt, und für welche man alles andere hin-
geben muß, iſt die Weisheit. Mit dieſer ſchafft man
ſich alle übrigen Tugenden an: Tapferkeit, Mäßigkeit, und Gerechtigkeit. Ueberhaupt, bey der Weisheit iſt wahre Tugend, wahre Herrſchaft über die Begierden, über die Verabſcheuungen, und über alle Leidenſchaften; ohne Weisheit aber erlanget man nichts,
als einen Tauſch der Leidenſchaften gegen eine leidige
Schattentugend, die dem Laſter Sklavendienſte thun
muß, und an ſich ſelbſt nichts Geſundes und Wahres mit ſich führet. Die wahre Tugend iſt eine Heiligung der Sitten, eine Reinigung des Herzens, kein
Tauſch der Begierden. Gerechtigkeit, Mäßigkeit,
Mannhaftigkeit, Weisheit, ſind kein Tauſch der Laſter gegen einander. Unſere Vorfahren, welche die
Teleten, oder die vollkommenen Verſöhnungs-
feſte geſtiftet, müſſen, allem Anſehen nach, ſehr
weiſe Männer geweſen ſeyn: denn ſie haben durch
dieſe Räthſel zu verſtehen geben wollen, daß, wer
unverſöhnt und ungeheiliget die Oberwelt verläßt, die
härteſte Strafe auszuſtehen habe; der Geläuterte und
Verſöhnte aber nach ſeinem Tode unter den Göttern
wohnen werde. Die mit dieſen Verſöhnungsgeheim-
niſſen

niſſen umgehen, pflegen zu ſagen: **Es giebt viele Thyrſusträger, aber wenig Begeiſterte;** und meines Erachtens verſtehet man unter den Begeiſterten diejenigen, die ſich der wahren Weisheit gewiedmet. Ich habe in meinem Leben nichts geſpart, ſondern unabläßig geſtrebt, einer von dieſen Begeiſterten zu ſeyn; ob mein Bemühen fruchtlos geweſen, oder in wie weit mir mein Vorhaben gelungen, werde ich da, wo ich hinkomme, am beſten erfahren, und ſo Gott will, in kurzer Zeit. —

Dieſes iſt meine Vertheidigung, **Simmias** und **Cebes!** warum ich meine beſten Freunde hienieden ohne Betrübniß verlaſſe, und bey Herannahung der Todesſtunde ſo wenig zittere. Ich glaube, allda beſſere Freunde und ein beſſeres Leben zu finden, als ich hier zurück laſſe, ſo wenig auch dieſes beym gemeinen Haufen Glauben finden wird.

Hat nun meine jetzige Schutzrede beſſern Eingang gefunden, als jene, die ich vor den Richtern der Stadt gehalten; ſo bin ich vollkommen vergnügt.

Sokrates hatte ausgeredet, und **Cebes** ergriff das Wort: Es iſt wahr, **Sokrates!** du haſt dich vollkommen gerechtfertiget; allein was du von der Seele behaupteſt, muß vielen unglaublich ſcheinen; denn ſie halten insgemein dafür, die Seele ſey nirgend mehr anzutreffen, ſo bald ſie den Körper verlaſſen, sondern werde, gleich nach dem Tode des Menschen, aufgelöset und zernichtet. Sie steige, wie ein Hauch, wie ein feiner Dampf, aus dem Körper in die obere Luft, allwo sie vergehe, und völlig aufhöre zu seyn. Könnte es ausgemacht werden, daß die Seele für sich bestehen kann, und nicht nothwendig mit diesem Leibe verbunden seyn muß: so hätten die Hoffnungen, die du dir machest, eine nicht geringe Wahrscheinlichkeit; denn so bald es mit uns nach dem Tode besser werden kann: so hat der Tugendhafte auch gegründete Hoffnungen, daß es mit ihm wirklich besser werden wird. Allein die Möglichkeit selbst ist schwer zu begreifen, daß die Seele nach dem Tode noch denken, daß sie noch Willen und Verstandeskräfte haben soll; dieses also, mein Sokrates! erfodert noch einigen Beweis.

Du hast Recht, Cebes! versetzte Sokrates. Allein was ist zu thun? Wollen wir etwa überlegen, ob wir einen Beweis finden können, oder nicht?

Ich bin sehr begierig, sprach Cebes, deine Gedanken hierüber zu vernehmen.

Wenigstens kann derjenige, erwiederte Sokrates, der unsere Unterredung höret, und wenn es auch ein Komödienschreiber wäre, mir nicht vorwerfen, ich beschäftige mich mit Grillen, die weder nützlich noch erheblich sind. Die Untersuchung, die wir

izt

ißt anſtellen wollen, iſt vielmehr ſo wichtig, daß uns jeder Dichter gern erlauben wird, um den Beyſtand einer Gottheit zu flehen, bevor wir zum Werke ſchreiten. — Er ſchwieg, und ſaß eine Weile in Andacht vertieft; ſodann ſprach er: Doch, meine Freunde! mit lauterm Herzen die Wahrheit ſuchen, iſt die würdigſte Anbetung der einzigen Gottheit, die uns Beyſtand leiſten kann. Zur Sache alſo! Der Tod, o Cebes! iſt eine natürliche Veränderung des menſchlichen Zuſtandes, und wir wollen ißt unterſuchen, was bey dieſer Veränderung ſo wohl mit dem Leibe des Menſchen, als mit ſeiner Seele vorgehet. Nicht?

Richtig!

Sollte es nicht rathſam ſeyn, erſt überhaupt zu erforſchen, was eine natürliche Veränderung iſt, und wie die Natur ihre Veränderungen nicht nur in Anſehung des Menſchen, ſondern auch in Anſehung der Thiere, Pflanzen, und lebloſen Dinge hervor zu bringen pflegt? Mich dünkt, wir werden auf dieſe Weiſe näher zu unſerm Entzwecke kommen.

Der Einfall ſcheinet nicht unglücklich, verſetzte Cebes; wir müſſen alſo fürs erſte eine Erklärung ſuchen, was Veränderung ſey.

Mich dünkt, ſprach Sokrates, wir ſagen, ein Ding habe ſich verändert, wenn unter zwoen entgegen geſetzten Beſtimmungen, die ihm zukommen können,

nen, die eine aufhöret, und die andere anfängt wirklich zu seyn. Z. B. schön und häßlich, gerecht und
ungerecht, gut und böse, Tag und Nacht, schlafen
und wachen, sind dieses nicht entgegen gesetzte Bestimmungen, die bey einer und eben derselben Sache
möglich sind?

Ja!

Wenn eine Rose welkt und ihre schöne Gestalt
verlieret: sagen wir alsdann nicht, sie habe sich verändert?

Allerdings!

Und wenn ein ungerechter Mann seine Lebens-
art verändern will, muß er nicht eine entgegengesetzte
annehmen, und gerecht werden?

Wie anders?

Auch umgekehrt, wenn durch eine Veränderung
etwas entstehen soll, so muß vorhin das Widerspiel
davon da gewesen seyn. So wird es Tag, nachdem
es vorhin Nacht gewesen, und hinwiederum Nacht,
nachdem es vorhin Tag gewesen; ein Ding wird
schön, groß, schwer, ansehnlich u. s. w. nachdem es
vorhin häßlich, klein, leicht, unansehnlich gewesen ist.
Nicht?

Ja!

Eine

Eine Veränderung heißt also überhaupt nichts andders, als die Abwechselung der entgegengesetzten Bestimmungen, die an einem Dinge möglich sind. Wollen wir es bey dieser Erklärung bewenden lassen? Cebes scheinet noch unentschlossen —

Eine Kleinigkeit, mein lieber Sokrates! Das Wort entgegengesetzte macht mir einiges Bedenken. Ich sollte nicht glauben, daß schnurstracks entgegengesetzte Zustände unmittelbar auf einander folgen könnten.

Richtig! versetzte Sokrates. Wir sehen auch, daß die Natur in allen ihren Veränderungen einen Mittelzustand zu finden weiß, der ihr gleichsam zum Uebergange dienet, von einem Zustande auf den entgegengesetzten zu kommen. Die Nacht folgt z. B. auf den Tag, vermittelst der Abenddämmerung, so wie der Tag auf die Nacht, vermittelst der Morgendämmerung. Nicht?

Freylich.

Das Große wird in der Natur klein, vermittelst der allmäligen Abnahme, und das Kleine hinwiederum groß, vermittelst des Anwachses.

Richtig.

Wenn wir auch in gewissen Fällen diesem Uebergange keinen besondern Namen gegeben: so ist doch nicht zu zweifeln, daß er wirklich vorhanden seyn müsse, wenn ein Zustand natürlicher Weise mit seinem Wider-

Widerspiel abwechseln soll: denn muß nicht eine Veränderung, die natürlich seyn soll, durch die Kräfte,
die in die Natur gelegt sind, hervorgebracht werden?

Wie könnte sie sonst natürlich heißen?

Diese ursprüngliche Kräfte aber sind stets wirksam,
stets lebendig: denn wenn sie nur einen Augenblick
entschliefen, so würde sie nichts als die Allmacht zur
Thätigkeit aufwecken können. Was aber nur die Allmacht thun kann, wollen wir dieses natürlich
nennen?

Wie könnten wir? sprach Cebes.

Was die natürlichen Kräfte also itzt hervorbringen, mein Lieber! daran haben sie schon von je her
gearbeitet; denn sie waren niemals müßig, nur daß
ihre Wirkung erst nach und nach sichtbar geworden.
Die Kraft der Natur z. B. die die Tageszeiten verändert, arbeitet schon itzt daran, nach einiger Zeit die
Nacht auf den Horizont zu führen, aber sie nimmt
ihren Weg durch Mittag und Abend, welches die
Uebergänge sind vor der Geburt des Tages bis auf
seinen Tod.

Richtig.

Im Schlafe selbst arbeiten die Lebenskräfte schon
an der künftigen Erwachung, so wie sie im wachenden
Zustande den künftigen Schlaf vorbereiten.

Dieses ist nicht zu leugnen.

Und

Und überhaupt, wenn ein Zustand natürlicher Weise auf sein Widerspiel erfolgen soll, wie solches bey allen natürlichen Veränderungen geschiehet: so müssen die stets wirksamen Kräfte der Natur schon vorher an dieser Veränderung gearbeitet, und den vorhergehenden Zustand gleichsam mit dem zukünftigen beschwängert haben. Folgt nicht hieraus, daß die Natur alle mittlern Zustände mitnehmen muß, wenn sie einen Zustand mit seinem Widerspiel ablösen will?

Ganz unleugbar.

Ueberlege es wohl, mein Freund! damit hernach kein Zweifel entstehe, ob nicht Anfangs zu viel nachgegeben worden. Wie erfodern zu jeder natürlichen Veränderung dreyerley: einen vorhergehenden Zustand des Dinges, das verändert werden soll, einen darauf folgenden, der jenem entgegen gesetzt ist, und einen Uebergang, oder die zwischen beiden liegenden Zustände, die der Natur von einem auf den andern gleichsam den Weg bahnen. Wird dieses zugegeben?

Ja, ja! rief Cebes. Ich sehe nicht ab, wie man an dieser Wahrheit sollte zweifeln können.

Laß sehen, erwiederte Sokrates, ob dir folgendes eben so unleugbar scheinen wird? Mich dünkt, alles Veränderliche könne keinen Augenblick unverändert bleiben; sondern, indem die Zeit ohne zu ruhen forteilet, und das Künftige beständig zu

dem

dem Vergangenen zurück sendet, so verwandelt sie auch zugleich alles Veränderliche, und zeigt es jeden Augenblick unter einer neuen Gestalt. Bist du nicht auch dieser Meynung? Cebes!

Sie ist wenigstens wahrscheinlich.

Mir scheinet sie unwidersprechlich. Denn alles Veränderliche, wenn es eine Wirklichkeit, und kein bloßer Begriff ist, muß eine Kraft haben, etwas zu thun, und ein Geschicke, etwas zu leiden. Nun mag es thun oder leiden, so wird etwas an ihm anders, als es vorhin gewesen; und da die Kräfte der Natur niemals in Ruhe sind: was könnte den Strom der Vergänglichkeit nur einen Augenblick in seinem Laufe hemmen?

Itzt bin ich überzeugt.

Das thut der Wahrheit keinen Eintrag, daß uns gewisse Dinge oft eine Zeit lang unverändert scheinen; denn scheinet uns doch auch eine Flamme eben dieselbe, und dennoch ist sie nichts anders, als ein Feuerstrom, der aus dem brennenden Körper ohne Unterlaß empor steigt, und unsichtbar wird. Die Farben kommen unsern Augen öfters wie unverändert vor, und gleichwohl wechselt beständig neues Sonnenlicht mit dem vorigen ab. Wenn wir aber die Wahrheit suchen, so müssen wir die Dinge nach der Wirklichkeit, nicht aber nach dem Sinnenschein beurtheilen.

Beym

Beym Jupiter! verſetzte Cebes, dieſe Wahr=
heit öffnet uns eine ſo neue als reitzende Ausſicht in
die Natur der Dinge. Meine Freunde! fuhr er fort,
indem er ſich zu uns wandte, die Anwendung von
dieſer Lehre auf die Natur unſerer Seele ſcheinet die
wichtigſten Folgen zu verſprechen.

Ich habe noch einen einzigen Satz voraus zu
ſchicken, verſetzte Sokrates, ehe ich auf dieſe An=
wendung komme. Das Veränderliche, haben wir ein=
geſtanden, kann keinen Augenblick unverändert blei=
ben; ſondern, ſo wie die vergangene Zeit älter wird,
ſo wächſt auch die aneinander hängende Reihe der
Abänderungen, die da geweſen ſind. Nun überlege,
Cebes! folgen die Augenblicke der Zeit in einer ge=
trennten, oder ſtätigen Reihe auf einander?

Ich begreife nicht, ſprach Cebes, was du ſa=
gen wilſt. —

Beyſpiele werden dir meine Gedanken deutlicher
machen. Die Fläche des ſtillen Waſſers ſcheinet uns
in einem fortzugehen, und jedes Waſſertheilchen mit
denen, die um ihn ſind, gemeinſchaftliche Grenzen
zu haben; dahingegen ein Sandhügel aus vielen
Körnlein beſtehet, deren jedes ſeine eigene Grenzen
hat. Nicht?

Dieſes iſt begreiflich.

G   Wenn

Wenn ich das Wort Cebes ausspreche, folgen hier nicht zwo vernehmliche Sylben auf einander, zwischen welchen keine dritte anzutreffen ist?

Richtig!

Das Wort Cebes also gehet nicht in einem fort; sondern die Sylben, aus welchen es bestehet, folgen in einer unstätigen Verbindung auf einander, und jede hat ihre eigene Grenzen.

Richtig!

Aber in dem Begriffe, den mein Geist mit diesem Worte verbindet, giebt es auch hier Theile, die ihre eigene Grenzen haben?

Mich dünkt, nein!

Und mit Recht, denn alle Theile und Merkmale eines zusammengesetzten Begriffes fließen so in einander, daß sich keine Grenzen angeben lassen, wo dieses aufhört, jenes anfängt, sie machen also zusammen ein stätiges Ganze aus; da hingegen jede Sylbe ihre bestimmten Grenzen hat, und ihrer viele, die zusammenkommen, ein Wort auszumachen, in einer unstätigen Reihe auf einander folgen.

Dieses ist vollkommen deutlich.

Ich frage also von der Zeit: Ist sie mit dem ausgesprochenen Wort, oder mit dem Begriffe zu vergleichen?

chen? Folgen ihre Augenblicke in einer ftätigen, oder unftätigen Ordnung auf einander?

In einer ftätigen, erwiederte **Cebes.**

Freylich, verfetzte **Simmias;** denn durch die Folge unferer Begriffe erkennen wir ja die Zeit; wie ift es alfo möglich, daß die Natur der Folge in der Zeit und in den Begriffen nicht einerley feyn follte?

Die Theile der Zeit, fuhr Sokrates fort, gehen alfo in einem fort, und haben gemeinfchaftliche Grenzen?

Richtig!

Das kleinfte Zeittheilchen ift eine folche Folge von Augenblicken, läßt fich in noch kleinere Theile zerlegen, die immer noch alle Eigenfchaften der Zeit behalten. Nicht?

Es fcheinet.

Es giebt alfo auch keine zwo Augenblicke, die fich einander die nächften find, das heißt, zwifchen welchen fich nicht noch ein dritter gedenken ließe?

Diefes folget aus dem Zugeftandenen.

Gehen die Bewegungen, und überhaupt alle Veränderungen in der Natur, nicht mit der Zeit in gleichen Schritten fort?

Ja!

G 2   Sie

Sie folgen also, wie die Zeit, in einer stätigen Verbindung auf einander?

Richtig!

Es wird daher auch keine zween Zustände geben, die sich einander die nächsten sind, das heißt, zwischen welchen nicht noch ein dritter anzutreffen sey?

Es scheinet also.

Unsern Sinnen kömmt es freylich so vor, als wenn die Veränderungen der Dinge rückweise geschähen, indem sie solche nicht eher, als nach merklichen Zwischenzeiten wahrnehmen; allein die Natur gehet nichts desto weniger ihren Weg, und verändert die Dinge allmälig, und in einer stätigen Folge auf einander. Der kleinste Theil dieser Folge ist selbst eine Folge von Veränderungen, und man mag zween Zustände so dicht an einander setzen, als man will; so giebt es immer noch einen Uebergang dazwischen, der sie mit einander verbindet, der der Natur von einem auf den andern gleichsam den Weg zeigt.

Ich begreife dieses alles sehr wohl, sprach Cebes.

Meine Freunde! rief Sokrates, itzt ist es Zeit, uns unserm Vorhaben zu nähern. Wir haben Gründe gesammelt, die für unsere Ewigkeit streiten sollen, und ich verspreche mir einen gewissen Sieg. Wollen wir aber nicht, nach Gewohnheit der Feldherren, ehe
wir

wir zum Treffen kommen, unſere Macht noch ein=
mal überſehen, um ihre Stärke und Schwäche deſto
genauer kennen zu lernen?

Apollodorus bat ſehr um eine kurze Wieder=
holung.

Die Sätze, ſprach Sokrates, deren Richtigkeit
wir nicht mehr in Zweifel ziehen, ſind dieſe:

1) Zu einer jeden natürlichen Veränderung wird
   dreyerley erfordert: 1.) Ein Zuſtand eines ver=
   änderlichen Dinges, der aufhören, 2) ein
   anderer, der ſeine Stelle vertreten ſoll, und
   3) die mittlern Zuſtände, oder der Uebergang,
   damit die Veränderung nicht plötzlich, ſondern
   allmählig geſchehe.

2) Was veränderlich iſt, bleibet keinen Augenblick,
   ohne wirklich verändert zu werden.

3) Die Folge der Zeit gehet in einem fort, und
   es giebt keine zween Augenblicke, die ſich ein=
   ander die nächſten ſind.

4) Die Folge der Veränderungen kömmt mit der Fol=
   ge der Zeit überein, und iſt ebenfalls ſo ſtätig,
   ſo aneinanderhängend, daß man keine Zuſtände
   angeben kann, die ſich einander die nächſten
   wären, oder zwiſchen welchen nicht ein Ueber=

G 3   gang

gang Statt finden sollte. Sind wir nicht über diese Punkte einig worden?

Ja! sprach Cebes.

Leben und Tod, mein lieber Cebes! versetzte Sokrates, sind entgegengesetzte Zustände: nicht?

Freylich!

Und das Sterben der Uebergang vom Leben zum Tode?

Freylich!

Diese große Veränderung trifft vermuthlich die Seele sowohl als den Leib: denn beide Wesen standen in diesem Leben in der genauesten Verbindung.

Allem Ansehen nach.

Was mit dem Leibe nach dieser wichtigen Begebenheit vorgehet, kann uns die Beobachtung lehren; denn das Ausgedehnte bleibt unsern Sinnen gegenwärtig; aber wie, wo, und was die Seele nach diesem Leben seyn wird, muß bloß durch die Vernunft ausgemacht werden; denn die Seele hat durch den Tod das Mittel verloren, den menschlichen Sinnen gegenwärtig zu seyn.

Richtig!

Wollen

Wollen wir nicht, mein Theuerſter! erſt das Sichtbare durch alle ſeine Veränderungen verfolgen, und hernach, wo möglich, das Unſichtbare mit dem Sichtbaren vergleichen?

Das ſcheint der beſte Weg, den wir einſchlagen können, erwiederte Cebes.

In jedem thieriſchen Leibe, Cebes! gehen beſtändig Trennungen und Zuſammenſetzungen vor, die zum Theil auf die Erhaltung, zum Theil aber auf den Untergang der thieriſchen Maſchine abzielen. Tod und Leben fangen bey der Geburt des Thieres ſchon an gleichſam mit einander zu ringen.

Dieß zeigt die tägliche Erfahrung.

Wie nennen wir den Zuſtand, fragte Sokrates, in welchem alle Veränderungen, die in der lebendigen Maſchine vorgehen, mehr auf das Wohlſeyn, als auf den Untergang des Leibes abzielen? Nennen wir ihn nicht die Geſundheit?

Wie anders?

Hingegen werden die thieriſchen Veränderungen, welche die Auflöſung der großen Maſchine verurſachen, durch Krankheiten vermehret, oder auch durch das Alter, welches die natürlichſte Krankheit genennt werden kann.

Richtig!

G 4

Das

Das Verderben nimmt durch unmerkliche Grade allmählig zu. Endlich zerfällt das Gebäude, und löset sich in seine kleinsten Theile auf. Aber was geschieht? Hören diese Theile auf, verändert zu werden? Hören sie auf, zu wirken und zu leiden? Gehen sie ganz verloren?

Es scheinet nicht, versetzte Cebes.

Unmöglich, mein Werthester! erwiederte Sokrates, wenn das wahr ist, worüber wir einig geworden: denn giebt es wohl ein Mittel zwischen Seyn und Nichtseyn?

Keinesweges.

Seyn und Nichtseyn wären also zween Zustände, die unmittelbar aufeinander folgen, die sich einander die nächsten seyn müßten: wir haben aber gesehen, daß die Natur keine solche Veränderungen, die plötzlich und ohne Uebergang geschehen müssen, hervorbringen kann. Erinnerst du dich wohl noch dieses Satzes?

Sehr wohl, sprach Cebes.

Also kann die Natur weder ein Daseyn, noch eine Zernichtung zuwege bringen?

Richtig!

Da

Daher gehet bey der Auflösung des thierischen Leibes nichts verloren. Die zerfallenen Theile fahren fort zu seyn, zu wirken, zu leiden, zusammen gesetzt und getrennt zu werden, bis sie sich durch unendliche Uebergänge in Theile eines andern Zusammengesetzten verwandeln. Manches wird Staub, manches wird zur Feuchtigkeit, dieses steigt in die Luft, jenes geht in eine Pflanze über, wandelt von der Pflanze in ein lebendiges Thier, und verläßt das Thier, um einem Wurme zur Nahrung zu dienen. Ist dieses nicht der Erfahrung gemäß?

Vollkommen, mein Sokrates! antworteten Cebes und Simmias zugleich.

Wir sehen also, meine Freunde! daß Tod und Leben, in so weit sie den Leib angehen, in der Natur nicht so getrennt sind, als sie unsern Sinnen scheinen. Sie sind Glieder einer stetigen Reihe von Veränderungen, die durch stufenweise Uebergänge mit einander auf das genaueste verbunden sind. Es giebt keinen Augenblick, da man, nach aller Strenge, sagen könnte: Itzt stirbt das Thier; so wenig man, nach aller Strenge, sagen kann: Itzt ward es krank, oder itzt ward es wieder gesund. Freylich müssen die Veränderungen unsern Sinnen wie getrennt scheinen, da sie uns nicht eher, als nach einer geraumen Zwischenzeit, merkbar werden; aber ge-

G 5   nug,

nug, wir wissen, daß sie es in der That nicht seyn können.

Ich besinne mich itzt auf ein Beyspiel, das diesen Satz erläutern wird. Unsere Augen, die auf einen gewissen Erdstrich eingeschränkt sind, unterscheiden gar deutlich Morgen, Mittag, Abend und Mitternacht, und es ist uns, als wenn diese Zeitpunkte von den übrigen getrennt und abgesondert wären. Wer aber den ganzen Erdboden betrachtet, erkennet gar deutlich, daß die Umwälzungen von Tag und Nacht stetig aneinander hangen, und also jeder Augenblick der Zeit Morgen und Abend, Mittag und Mitternacht zugleich sey.

Homer hat nur, als Dichter, die Freyheit, seiner Götter Verrichtungen nach den Tageszeiten einzutheilen: als ob jemanden, der nicht in einen engen Bezirk auf dem Erdboden eingeschränkt ist, die Tageszeiten noch wirklich getrennte Epochen wären, und es nicht vielmehr zu jeder Zeit so wohl Morgen als Abend wäre. Es ist den Dichtern erlaubt, den Schein für die Wahrheit zu nehmen; allein der Wahrheit zu Folge müßte Aurora mit ihren Rosenfingern beständig die Thore des Himmels offen halten, und ihren gelben Mantel unaufhörlich von einem Orte zum andern schleppen, so wie die Götter, wenn sie nur des Nachts schlafen wollen, gar nicht oder beständig schlafen müssen. —

So

So laſſen ſich auch, im Ganzen betrachtet, die
Tage der Woche nicht unterſcheiden; denn das Ste-
tige und Aneinanderhängende läßt ſich nur in der Ein-
bildung, und nach den Vorſpiegelungen der Sinne,
in beſtimmte und abgeſonderte Theile zertrennen; der
Verſtand aber ſiehet gar wohl, daß man da nicht ſtehen bleiben muß, wo keine wirkliche Abtheilung iſt.
Iſt dieſes deutlich? meine Freunde!

Gar ſehr, erwiederte Simmias. —

Mit dem Leben und Tode der Thiere und Pflanzen verhält es ſich gleichfalls nicht anders. In der
Folge von Veränderungen, die daſſelbe Ding erlitten,
fängt ſich, nach dem Urtheile unſerer Sinne, da eine
Epoche an, wo uns das Ding merklich als Pflanze
oder als Thier in die Sinne fällt, und dieſes nennen
wir das Aufkeimen der Pflanze, und die Geburt des
Thieres. Den zweyten Zeitpunkt, da, wo ſich die
thieriſchen oder pflanzigten Bewegungen unſern Sinnen entziehen, nennen wir den Tod; und den dritten, wann endlich die thieriſchen oder pflanzigten For-
men verſchwinden und unſcheinbar werden, nennen
wir den Untergang, die Verweſung des Thieres oder
der Pflanze. In der Natur aber ſind alle dieſe Veränderungen Glieder einer ununterbrochenen Kette, allmählige Auswickelungen und Einwickelungen deſſelben
Dinges, das ſich in unzählige Geſtalten einhüllet und
entkleidet. Iſt hieran noch irgend ein Zweifel?

Im geringſten nicht, verſetzte Cebes.

Wenn

Wenn wir sagen, fuhr Sokrates fort, die Seele stirbt, so müssen wir eines von beiden setzen: Entweder alle ihre Kräfte und Vermögen, ihre Wirkungen und Leiden hören plötzlich auf, sie verschwindet gleichsam in einem Nu; oder sie leidet, wie der Leib, allmählige Verwandelungen, unzählige Umkleidungen, die in einer stetigen Reihe fortgehen, und in dieser Reihe giebt es eine Epoche, wo sie keine menschliche Seele mehr, sondern etwas anders geworden ist; so wie der Leib, nach unzähligen Veränderungen, aufhöret ein menschlicher Leib zu seyn, und in Staub, Luft, Pflanze, oder auch in Theile eines andern Thieres verwandelt wird. Giebt es einen dritten Fall, wie die Seele sterben kann, einen Fall mehr, als plötzlich oder allmählig?

Nein, erwiederte **Cebes.** Diese Eintheilung erschöpft die Möglichkeit ganz.

Gut, sprach **Sokrates.** Die also noch zweifeln, ob die Seele nicht sterblich seyn könnte, mögen wählen, ob sie besorgen, sie möchte plötzlich verschwinden, oder nach und nach dasjenige aufhören zu seyn, was sie war. Will Cebes nicht ihre Stelle vertreten, und diese Wahl über sich nehmen?

Die Frage ist, ob jene die Wahl ihres Sachwalters würden gelten lassen. Mein Rath wäre, wir überlegten beide Fälle; denn wenn sie auf meine

Wahl

Wahl Verzicht thäten, und sich anders erklären sollten: so dürfte morgen niemand mehr da seyn, der
sie widerlegen kann.

Mein lieber Cebes! versetzte Sokrates, Griechenland ist ein weitläuftiges Reich, und auch unter
den Barbaren muß es viele geben, denen diese Untersuchung am Herzen liegt. — Doch es sey! laßt uns
beide Fälle untersuchen. Der erste war: Vielleicht
vergehet die Seele plötzlich, verschwindet in
einem Nu. An und für sich ist diese Todesart möglich. Kann sie aber von der Natur hervorgebracht
werden?

Keinesweges: wenn das wahr ist, was wir vorhin zugegeben, daß die Natur keine Zernichtung hervorbringen könne.

Und haben wir dieses nicht mit Recht zugegeben?
fragte Sokrates. Zwischen Seyn und Nichtseyn
ist eine entsetzliche Kluft, die von der allmählig wirken-
den Natur der Dinge nicht übersprungen werden
kann.

Ganz recht, versetzte Cebes. Wie aber, wenn sie
von einer übernatürlichen Macht, von einer Gottheit,
zernichtet würde?

O mein Theurester! rief Sokrates aus, wie glück-
lich, wie wohl versorgt sind wir, wenn wir nichts als
die

die unmittelbare Hand des einzigen Wunderthäters
zu fürchten haben! Was wir, besorgten, war, ob die
Natur unserer Seele nicht an und für sich selbst sterblich sey, und diese Besorgniß suchen wir durch Gründe zu vereiteln; ob aber Gott, der allgütige Schöpfer und Erhalter der Dinge, sie durch ein Wunderwerk zernichten werde? — Nein, Cebes! laß uns
lieber befürchten, die Sonne würde uns in Eis verwandeln, ehe wir von der selbständigen Güte eine
grundböse Handlung, die Zernichtung durch ein
Wunderwerk, befürchten wollen.

Ich bedachte es nicht, sprach Cebes, daß mein
Einwurf bey nahe eine Lästerung sey.

Die eine Todesart, die plötzliche Zernichtung,
schreckt uns also nicht mehr, fuhr Sokrates fort;
denn sie ist der Natur unmöglich. Doch überlegt
auch folgendes, meine Freunde! Gesetzt, sie wäre nicht
unmöglich; so ist die Frage: wann? zu welcher Zeit
soll unsere Seele verschwinden? Vermuthlich zu der
Zeit, da der Körper ihrer nicht mehr bedarf, in
dem Augenblicke des Todes?

Allem Ansehen nach:

Nun haben wir aber gesehen, daß es keinen bestimmten Augenblick giebt, da man sagen kann, itzt
stirbt das Thier. Die Auflösung der thierischen Maschine hat schon lange vorher ihren Anfang genommen,

ehe

ehe noch ihre Wirkungen sichtbar geworden sind; denn
es fehlt niemals an solchen thierischen Bewegungen, die
der Erhaltung des Ganzen zuwider sind; nur daß sie
nach und nach zunehmen, bis endlich alle Bewegungen der Theile nicht mehr zu einem einzigen Endzwecke
harmoniren, sondern eine jede ihren besondern Endzweck angenommen hat: und alsdann ist die Maschine
aufgelöset. Dieses geschiehet so allmählig, in einer so
stetigen Ordnung, daß jeder Zustand eine gemeinschaft-
liche Grenze des vorhergehenden und nachfolgenden
Zustandes, eine Wirkung des vorhergehenden und eine Ursache des nachfolgenden Zustandes zu nennen ist.
Haben wir dieses nicht eingestanden?

Richtig!

Wenn also der Tod des Körpers auch der Tod
der Seele seyn soll: so muß es auch keinen Augenblick geben, da man sagen kann, itzt verschwindet die Seele;
sondern nach und nach, wie die Bewegungen in den
Theilen der Maschine aufhören zu einem einzigen Endzwecke zu harmoniren, muß die Seele auch an Kraft
und innerer Wirksamkeit abnehmen. Scheinet es dir
nicht also? mein Cebes!

Vollkommen!

Aber siehe! welche wunderbare Wendung unsere
Untersuchung genommen hat! Sie scheinet sich, wie
ein Kunstwerk meines Eltervaters Dädalus, durch

ein

ein inneres Triebwerk von ihrer vorigen Stelle weg=
gerollt zu haben.

Wie so?

Wir haben angenommen, unsere Gegner besorg=
ten, die Seele würde plötzlich zernichtet werden, und
wollten zusehen, ob diese Furcht gegründet sey, oder
nicht. Wir haben darauf untersucht, in welchem
Augenblicke sie zernichtet werden möchte; und diese
Untersuchung selbst brachte uns auf das Widerspiel der
Voraussetzung, daß sie nehmlich nicht plötzlich vernich=
tet werde, sondern allmählich an innerer Kraft und
Wirksamkeit abnehme.

Desto besser, antwortete Cebes. So hat sich
jene angenommene Meynung gleichsam selbst wi=
derlegt.

Wir haben also nur noch dieses zu untersuchen,
ob die inneren Kräfte der Seele nicht so allmählig
vergehen können, wie sich die Theile der Maschine
trennen.

Richtig!

Lasset uns diese getreuen Gefährten, Leib und
Seele, die auch den Tod mit einander gemein haben
sollen, auf ihrer Reise verfolgen, um zu sehen, wo
sie zuletzt bleiben. So lange der Körper gesund ist,

so

so lange die mehreſten Bewegungen der Maſchine auf
die Erhaltung und das Wohlſeyn des Ganzen abzielen, die Werkzeuge der Empfindung auch ihre gehörige Beſchaffenheit haben, ſo beſitzt auch die Seele
ihre völlige Kraft, empfindet, denket, liebet, verab-
ſcheuet, begreifet und will. Nicht?

Unſtreitig!

Der Leib wird krank. Es äußert ſich eine ſichtbare Mißhelligkeit zwiſchen den Bewegungen, die in
der Maſchine vorgehen, indem ihrer viele nicht mehr
zur Erhaltung des Ganzen harmoniren, ſondern ganz
beſondere und ſtreitende Endzwecke haben. Und die
Seele?

Wie die Erfahrung lehret, wird ſie indeſſen ſchwä-
cher, empfindet unordentlich, denkt falſch und handelt öfters wider ihren Dank.

Gut! Ich fahre fort. Der Leib ſtirbt: das heißt,
alle Bewegungen ſcheinen nunmehr nicht mehr auf das
Leben und die Erhaltung des Ganzen abzuzielen; aber
innerlich mögen wohl noch einige ſchwache Lebensbe-
wegungen vorgehen, die der Seele noch einige dunkele Vorſtellungen verſchaffen: auf dieſe muß ſich alſo
die Kraft der Seele ſo lange einſchränken. Nicht?

Allerdings!

H   Die

Die Verwesung folgt. Die Theile, die bisher einen gemeinschaftlichen Endzweck gehabt, eine einzige Maschine ausgemacht haben, bekommen itzt ganz verschiedene Endzwecke, werden zu mannigfaltigen Theilen ganz verschiedener Maschinen. Und die Seele? mein Cebes! wo wollen wir die lassen? Ihre Maschine ist verweset. Die Theile, die noch von derselben übrig sind, sind nicht mehr ihre, und machen auch kein Ganzes aus, das beseelt werden könnte. Hier sind keine Gliedmaßen der Sinne, keine Werkzeuge des Gefühls mehr, durch deren Vermittelung sie irgend zu einer Empfindung gelangen könnte. Soll also alles in ihr öde seyn? Sollen alle ihre Empfindungen und Gedanken, ihre Einbildungen, ihre Begierden und Verabscheuungen, Neigungen und Leidenschaften verschwunden seyn, und nicht die geringste Spur hinterlassen haben?

Unmöglich, sprach Cebes. Was wäre dieses anders als eine völlige Zernichtung, und keine Zernichtung, haben wir gesehen, stehet in dem Vermögen der Natur.

Was ist also für Rath? meine Freunde! Untergehen kann die Seele in Ewigkeit nicht; denn der letzte Schritt, man mag ihn noch so weit hinaus schieben, wäre immer noch vom Daseyn zum Nichts, ein Sprung, der weder in dem Wesen eines einzelnen

Din=

Dinges, noch in dem ganzen Zusammenhange gegründet seyn kann. Sie wird also fort dauren, ewig vorhanden seyn. Soll sie vorhanden seyn, so muß sie wirken und leiden; soll sie wirken und leiden, so muß sie Begriffe haben: denn empfinden, denken und wollen sind die einzigen Wirkungen und Leiden, die einem denkenden Wesen zukommen können. Die Begriffe nehmen allezeit ihren Anfang von einer sinnlichen Empfindung, und wo sollen sinnliche Empfindungen herkommen, wenn keine Werkzeuge, keine Gliedmaßen der Sinne vorhanden sind?

Nichts scheinet richtiger, sprach Cebes, als diese Folge von Schlüssen, und gleichwohl leitet sie zu einem offenbaren Widerspruch.

Eines von beiden, fuhr Sokrates fort; entweder die Seele muß vernichtet werden, oder sie muß nach der Verwesung des Leibes noch Begriffe haben. Man ist sehr geneigt, diese beiden Fälle für unmöglich zu halten, und gleichwohl muß einer davon wirklich seyn? Laß sehen, ob wir aus diesem Labyrinthe keinen Ausgang finden können! Von der einen Seite kann unser Geist natürlicher Weise nicht vernichtet werden. Worauf gründet sich diese Unmöglichkeit? — Seyd unverdrossen, Freunde! mir durch dornichte Gänge zu folgen: sie führen uns auf eine der herrlichsten Gegenden, die das Gemüth der Menschen jemals ergetzt haben. Antwortet mir! Hat uns nicht ein richt

richtiger Begriff von Kraft und natürlicher Veränderung auf die Folge geleitet, daß die Natur keine Vernichtung wirken könne?

Richtig!

Von dieser Seite ist also schlechterdings kein Ausgang zu hoffen, und wir müssen umkehren. Die
Seele kann nicht vergehen, sie muß nach dem Tode
fort dauren, wirken, leiden, Begriffe haben. Hier
stehet uns die Unmöglichkeit im Wege, daß unser Geist,
ohne sinnliche Eindrücke, Begriffe haben soll: aber
wer leistet für diese Unmöglichkeit die Gewähr? Ist
es nicht bloß die Erfahrung, daß wir hier in diesem
Leben niemals ohne sinnliche Eindrücke haben denken
können?

Nichts anders.

Was für Grund haben wir aber, diese Erfahrung
über die Grenzen dieses Lebens auszudehnen, und der
Natur schlechterdings die Möglichkeit abzusprechen,
die Seele, ohne diesen gegliederten Leib, denken zu
lassen? Was meynest du? Simmias! würden wir
einen Menschen nicht höchst lächerlich finden, der die
Mauern von Athen niemals verlassen hätte, und aus
seiner eigenen Erfahrung schließen wollte, daß in allen Theilen des Erdbodens Tag und Nacht, Som-
mer und Winter, nicht anders als bey uns, abwech-
selten?

Nichts wäre ungereimter.

Wenn

Wenn ein Kind im Mutterleibe denken könnte, würde es wohl zu bereden seyn, daß es dereinst, von seiner Wurzel abgelöset, in freyer Luft das erquickende Licht der Sonne geniessen werde? würde es nicht vielmehr aus seinen jetzigen Umständen die Unmöglichkeit eines solchen Zustandes beweisen zu können glauben?

Allem Ansehen nach.

Und wir Blödsinnigen, denken wir etwa vernünftiger, wenn wir, in dieses Leben eingekerkert, durch unsere Erfahrungen ausmachen wollen, was der Natur auch nach diesem Leben möglich sey? — Ein einziger Blick in die unerschöpfliche Mannigfaltigkeit der Natur kann uns von dem Ungrunde solcher Schlüsse überführen. Wie dürftig, wie schwach würde sie seyn, wenn ihr Vermögen nicht weiter reichete, als unsere Erfahrung!

Freylich!

Wir können also mit gutem Grunde diese Erfahrung verwerfen, indem wir ihr die ausgemachte Unmöglichkeit entgegensetzt, daß unser Geist untergehen sollte. Homer läßt seinen Held mit Recht ausrufen: Fürwahr! auch in den Häusern des Orkus webt noch die Seele, wiewohl kein Leichnam dahin kömmt *). Die Begriffe, die uns Homer

von

*) Plato hat diesen Vers des Homers anders ver-

stel-

von dem Orkus, und von den Schatten, die hinunter wandeln, machet, scheinen zwar nicht überall mit
der Wahrheit übereinzukommen; aber dieses ist gewiß, meine Geliebten! unser Geist siegt über Tod
und Verwesung, läßt den Leichnam zurück, um hienieden in tausend veränderten Gestalten die Absichten
des Allerhöchsten zu erfüllen, er aber erhebt sich über
den Staub, und fähret fort, nach andern natürlichen, aber überirdischen Gesetzen, die Werke des
Schöpfers zu beschauen, und Gedanken von der
Kraft des Unendlichen zu hegen. Erweget aber dieses, meine Freunde! wenn unsere Seele, nach dem
Tode ihres Leichnams, noch lebet und denkt, wird
sie nicht auch alsdann, so wie in diesem gegenwärtigen Zustande, nach der Glückseligkeit streben?

Wahrscheinlich dünkt michs, sprach Simmias;
allein ich traue meiner Vermuthung nicht mehr, und
wünschte deine Gründe zu hören.

Meine Gründe sind diese, versetzte Sokrates:
Wenn die Seele denkt, so müssen in ihr Begriffe
mit

standen, als einige neuere Ausleger, und führet
ihn im 3. B. seiner Republik als tadelhaft an.
Man wird mir aber hoffentlich erlauben, an dieser Stelle die günstigere Auslegung gelten zu
lassen.

mit Begriffen abwechſeln, ſo muß ſie dieſe Begriffe
gerne, jene ungerne haben wollen, das heißt, einen
Willen haben; hat ſie aber einen Willen, wohin
kann dieſer anders zielen, als nach dem höchſten Grade des Wohlſeyns, nach der Glückſeligkeit?

Dieſes war allen deutlich. Aber wie? fuhr Sokrates fort: das Wohlſeyn eines Geiſtes, der nicht
mehr für die Bedürfniſſe ſeines Leibes zu ſorgen hat,
worinn beſtehet dieſes? Speiſe und Trank, Liebe
und Wolluſt kann ihm nicht mehr behagen; was in
dieſem Leben Gefühl, Gaumen, Augen und Ohren
ergetzt, iſt allda ſeiner Achtung unwürdig; kaum daß
ihm noch eine ſchwache, vielleicht reuvolle Erinnerung von den Wollüſten bleibet, die er in Geſellſchaft ſeines Leibes genoſſen. Wird er wohl nach dieſen ſonderlich ſtreben?

So wenig als ein vernünftiger Mann nach den
Tändeleyen der Kindheit, ſprach Simmias.

Wird etwa ein großes Vermögen das Ziel ſeiner
Wünſche ſeyn?

Wie könnte dieſes in einem Zuſtande möglich ſeyn,
wo, allem Anſehen nach, kein Eigenthum beſeſſen,
kein Vermögen genoſſen werden kann?

Die Ehrbegierde iſt zwar eine Leidenſchaft, die, dem
Anſehen nach, dem abgeſchiedenen Geiſte noch bleiben

H 4   kann;

kann; denn sie scheinet wenig von den Leibesbedürf=
nissen abzuhängen: allein, worinn kann der körper=
lose Geist den Vorzug setzen, der ihm Ehre bringen
soll? Gewiß nicht in Macht, nicht in Reichthum,
auch nicht in den Adel der Geburt: denn alle diese
Thorheiten läßt er mit seinem Körper auf der Erde
zurück.

Freylich!

Es bleibet ihm also nichts, als Weisheit, Tu=
gendliebe und Erkenntniß der Wahrheit, was ihm ei=
nen Vorzug geben und über seine Nebengeschöpfe er=
heben könnte. Außer dieser edlen Ehrbegierde erge=
tzen ihn noch die geistigen angenehmen Empfindun=
gen, die die Seele auch auf Erden ohne ihren Kör=
per genießt, Schönheit, Ordnung, Ebenmaß, Voll=
kommenheit. Diese Empfindungen sind der Natur
eines Geistes so anerschaffen, daß sie ihn niemals ver=
lassen können. Wer also auf Erden für seine Seele
Sorge getragen, wer in diesem Leben sich in Weis=
heit, Tugend und Empfindung der wahren Schön=
heit hat üben lassen, der hat die größten Hoffnungen,
auch nach dem Tode in diesen Uebungen fortzufahren,
und von Stufe zu Stufe sich dem erhabensten Ur=
wesen zu nähern, welches die Quelle aller Weisheit,
der Innbegriff aller Vollkommenheiten, und vor=
zugsweise die Schönheit selbst ist. Erinnert euch,
meine Freunde! jener entzückten Augenblicke, die ihr
genossen, so oft eure Seele, von einer geistigen Schön=
heit

heit hingeriffen, den Leib famt feinen Bedürfniffen
vergaß, und fich ganz der himmlifchen Empfindung
überließ. Welcher Schauer! welche Begeisterung!
Nichts als die nähere Gegenwart einer Gottheit kann
diefe erhabenen Entzückungen in uns erregen. Auch
ist in der That jeder Begriff einer geistigen Schönheit
ein Blick in das Wefen der Gottheit; denn das Schöne, Ordentliche und Vollkommene, das wir wahrnehmen, ift ein fchwacher Abdruck deffen, der die
felbstständige Schönheit, Ordnung und Vollkommenheit ift. Ich erinnere mich, diefe Gedanken bey einer andern Gelegenheit deutlich genug auseinander
gefetzt zu haben, und will gegenwärtig nur diefe Folge
daraus herleiten: Wenn es wahr ift, daß nach die-
fem Leben Weisheit und Tugend unfern Ehrgeiz, und
das Beftreben nach geistiger Schönheit, Ordnung und
Vollkommenheit unfere Begierden ausmachen: fo wird
unfer fortdaurendes Dafeyn nichts als ein ununter-
brochenes Anfchauen der Gottheit feyn, ein himmli-
fches Ergetzen, das, fo wenig wir jetzo davon begreifen, den edlen Schweiß des Tugendhaften mit un-
endlichem Wucher belohnt. Was find alle Mühfelig-
keiten diefes Lebens gegen eine folche Ewigkeit! Was
ift Armuth, Verachtung und der fchmählichfte Tod,
wenn wir uns dadurch zu einer folchen Glückfeligkeit
vorbereiten können! Nein, meine Freunde! wer fich
eines rechtfchaffenen Wandels bewußt ift, kann fich
unmöglich betrüben, indem er die Reife zu diefer Se-

H 5   ligkeit

kann; denn sie scheinet wenig von den Leibesbedürf=
nissen abzuhängen: allein, worinn kann der körper=
lose Geist den Vorzug setzen, der ihm Ehre bringen
soll? Gewiß nicht in Macht, nicht in Reichthum,
auch nicht in den Adel der Geburt: denn alle diese
Thorheiten läßt er mit seinem Körper auf der Erde
zurück.

Freylich!

Es bleibet ihm also nichts, als Weisheit, Tu=
gendliebe und Erkenntniß der Wahrheit, was ihm ei=
nen Vorzug geben und über seine Nebengeschöpfe er=
heben könnte. Außer dieser edlen Ehrbegierde erge=
tzen ihn noch die geistigen angenehmen Empfindun=
gen, die die Seele auch auf Erden ohne ihren Kör=
per geneußt, Schönheit, Ordnung, Ebenmaß, Voll=
kommenheit. Diese Empfindungen sind der Natur
eines Geistes so anerschaffen, daß sie ihn niemals ver=
lassen können. Wer also auf Erden für seine Seele
Sorge getragen, wer in diesem Leben sich in Weis=
heit, Tugend und Empfindung der wahren Schön=
heit hat üben lassen, der hat die größten Hoffnungen,
auch nach dem Tode in diesen Uebungen fortzufahren,
und von Stufe zu Stufe sich dem erhabensten Ur=
wesen zu nähern, welches die Quelle aller Weisheit,
der Innbegriff aller Vollkommenheiten, und vor=
zugsweise die Schönheit selbst ist. Erinnert euch,
meine Freunde! jener entzückten Augenblicke, die ihr
genossen, so oft eure Seele, von einer geistigen Schön=

heit

heit hingerissen, den Leib samt seinen Bedürfnissen
vergaß, und sich ganz der himmlischen Empfindung
überließ. Welcher Schauer! welche Begeisterung!
Nichts als die nähere Gegenwart einer Gottheit kann
diese erhabenen Entzückungen in uns erregen. Auch
ist in der That jeder Begriff einer geistigen Schönheit
ein Blick in das Wesen der Gottheit; denn das Schöne, Ordentliche und Vollkommene, das wir wahrnehmen, ist ein schwacher Abdruck dessen, der die
selbstständige Schönheit, Ordnung und Vollkommenheit ist. Ich erinnere mich, diese Gedanken bey einer andern Gelegenheit deutlich genug auseinander
gesetzt zu haben, und will gegenwärtig nur diese Folge
daraus herleiten: Wenn es wahr ist, daß nach diesem Leben Weisheit und Tugend unsern Ehrgeiz, und
das Bestreben nach geistiger Schönheit, Ordnung und
Vollkommenheit unsere Begierden ausmachen: so wird
unser fortdaurendes Daseyn nichts als ein ununter-
brochenes Anschauen der Gottheit seyn, ein himmli-
sches Ergötzen, das, so wenig wir jetzo davon begreifen, den edlen Schweiß des Tugendhaften mit un-
endlichem Wucher belohnt. Was sind alle Mühselig-
keiten dieses Lebens gegen eine solche Ewigkeit! Was
ist Armuth, Verachtung und der schmählichste Tod,
wenn wir uns dadurch zu einer solchen Glückseligkeit
vorbereiten können! Nein, meine Freunde! wer sich
eines rechtschaffenen Wandels bewußt ist, kann sich
unmöglich betrüben, indem er die Reise zu dieser Se-

ligkeit

ligkeit antritt. Nur wer in seinem Leben Götter und Menschen beleidiget, wer sich in viehischer Wollust herumgewälzt, wer der vergötterten Ehre Menschenopfer geschlachtet, und an andrer Elend sein Ergetzen gefunden, der mag an der Schwelle des Todes zittern, indem er keinen Blick in das Vergangene ohne Reue, keinen in die Zukunft ohne Furcht thun kann. Da ich aber, Dank sey der Gottheit! mir keine von diesen Vorwürfen zu machen habe, da ich in meinem ganzen Leben die Wahrheit mit Eifer gesucht, und die Tugend über alles geliebt habe: so freue ich mich, die Stimme der Gottheit zu hören, die mich von hinnen ruft, um in jenem Lichte zu genießen, wornach ich in dieser Finsterniß gestrebt habe. Ihr aber, meine Freunde! überlegt wohl die Gründe meiner Hoffnungen, und wenn sie euch überzeugen, so segnet meine Reise, und lebet so, daß euch der Tod dereinst abrufe, nicht mit Gewalt von hinnen schleppe. Vielleicht führet uns die Gottheit dereinst in verklärter Freundschaft einander in die Arme. O! mit welchem Entzücken würden wir uns alsdann des heutigen Tages erinnern!

Ende des ersten Gesprächs.

Zwey=

Zweytes Gespräch.

Unser Lehrer hatte ausgeredet, und gieng, wie in Gedanken vertieft, im Zimmer auf und nieder; wir saßen alle und schwiegen, und dachten der Sache nach. Nur Cebes und Simmias sprachen leise mit einander. Sokrates sahe sich um, und fragte: Warum so leise? meine Freunde! Sollen wir nicht erfahren, was an den vorgebrachten Vernunftgründen zu verbessern sey? Ich weiß wohl, daß ihnen zur völligen Deutlichkeit noch verschiedenes fehlet. Wenn ihr euch also jetzo von andern Dingen unterhaltet, so mag es gut seyn; redet ihr aber von der Materie, die wir vorhaben, so entdecket uns immer eure Einwürfe und Zweifel, damit wir sie gemeinschaftlich untersuchen, und entweder heben, oder selbst mit zweifeln mögen. Simmias sprach: Ich muß dir gestehen, Sokrates! daß wir beide Einwürfe zu machen haben, und uns schon lange einer den andern antreiben, sie vorzubringen, weil beide gerne deine Widerlegung hören möchten, ein jeder aber sich scheuet, dir bey jetziger Widerwärtigkeit beschwerlich zu fallen. Als Sokrates dieses hörete, lächelte er, und sprach: Ey! wie schwer, o Simmias! werde ich andere Menschen bereden können, daß ich meine Umstände für so mißlich nicht halte, da ihr mir es noch immer nicht glauben

ben können, und besorget, ich möchte jetzt unmuthi=
ger und verdrießlicher seyn, als ich vormals gewesen
bin. Man saget von den Schwänen, daß sie, nahe
an ihrem Ende, lieblicher singen, als in ihrem gan=
zen Leben. Wenn diese Vögel, wie es heißt, dem
Apoll geheiliget sind, so würde ich sagen, daß ihr
Gott sie in der Todesstunde einen Vorschmack von der
Seeligkeit jenes Lebens empfinden läßt, und daß sie sich
an diesem Gefühl ergetzen, und singen. Mit mir
verhält es sich eben so. Ich bin ein Priester dieses
Gottes: und in Wahrheit! er hat meiner Seele ein
ahnendes Gefühl von der Seeligkeit nach dem Tode
eingeprägt, das allen Unmuth vertreibt, und mich,
nahe an meinem Tode, weit heiterer seyn läßt, als
in meinem ganzen Leben. Eröffnet mir also ohne
Bedenken eure Zweifel und Einwürfe. Fraget, was
ihr zu fragen habt, so lange es die eilf Männer noch
erlauben. — Gut! erwiederte Simmias, ich werde
also den Anfang machen, und Cebes mag folgen. Ich
habe nur noch eine einzige Erinnerung voraus zu schi=
cken: Wenn ich Zweifel wider die Unsterblichkeit der
Seele errege, so geschieht es nicht wider die Wahrheit
dieser Lehre, sondern wider ihre vernunftmäßige Er=
weislichkeit, oder vielmehr wider den Weg, welchen
du, o Sokrates! gewählt hast, uns durch die Ver=
nunft davon zu überzeugen. Im übrigen nehme ich
diese trostvolle Lehre von ganzem Herzen nicht nur so
an, wie du sie uns vorgetragen, sondern so, wie sie
uns

uns von den ältesten Weisen ist überliefert worden,
einige Verfälschungen ausgenommen, die von den
Dichtern und Fabelerfindern hinzugethan worden sind.
Wo unsere Seele keinen Grund der Gewißheit findet,
da trauet sie sich den beruhigenden Meynungen, wie
Fahrzeugen auf dem bodenlosen Meere, an, die sie bey
heiterm Himmel sicher durch die Wellen dieses Lebens
hindurch führen. Ich fühle es, daß ich der Lehre
von der Unsterblichkeit und von der Vergeltung nach
unserm Tode nicht widersprechen kann, ohne unendliche Schwierigkeiten sich erheben zu sehen, ohne alles,
was ich je für wahr und gut gehalten, seiner Zuverläßigkeit beraubt zu sehen. Ist unsere Seele sterblich;
so ist die Vernunft ein Traum, den uns Jupiter ge-
schickt hat, uns Elende zu hintergehen; so fehlet der
Tugend aller Glanz, der sie unsern Augen göttlich
macht; so ist das Schöne und Erhabene, das Sittliche so wohl als das Physische, kein Abdruck göttlicher
Vollkommenheiten (denn nichts vergängliches kann
den schwächsten Stral göttlicher Vollkommenheit fassen); so sind wir, wie das Vieh, hieher gesetzt worden, Futter zu suchen und zu sterben; so wird es in
wenigen Tagen gleich viel seyn, ob ich eine Zierde,
oder Schande der Schöpfung gewesen, ob ich mich
bemühet, die Anzahl der Glückseligen, oder der Elen-
den zu vermehren; so hat der verworfenste Sterbliche so gar die Macht, sich der Herrschaft Gottes zu entziehen, und ein Dolch kann das Band auflösen, welches

den

den Menschen mit Gott verbindet. Ist unser Geist
vergänglich, so haben die weisesten Gesetzgeber und
Stifter der menschlichen Gesellschaften uns oder sich
selbst betrogen; so hat das gesamte menschliche Geschlecht sich gleichsam verabredet, eine Unwahrheit zu
hegen, und die Betrüger zu verehren, die solche erdacht haben; so ist ein Staat freyer, denkender Wesen nicht mehr, als eine Heerde vernunftloses Viehes,
und der Mensch — ich entsetze mich, ihn in dieser
Niedrigkeit zu betrachten! Der Hoffnung zur Unsterblichkeit beraubt, ist dieses Wundergeschöpfe das elen-
deste Thier auf Erden, das zu seinem Unglücke über
seinen Zustand nachdenken, den Tod fürchten, und
verzweifeln muß. Nicht der allgütige Gott, der sich
an der Glückseligkeit seiner Geschöpfe ergetzt, ein scha-
denfrohes Wesen müßte ihn mit Vorzügen begabt haben, die ihn nur bejammernswerther machen. Ich
weiß nicht, welche beklemmende Angst sich meiner Seele bemeistert, wenn ich mich an die Stelle der Elen-
den setze, die eine Vernichtung fürchten. Die bittere
Erinnerung des Todes muß alle ihre Freuden ver-
gällen. Wenn sie der Freundschaft genießen, wenn sie
die Wahrheit erkennen, wenn sie die Tugend ausüben,
wenn sie den Schöpfer verehren, wenn sie über Schönheit und Vollkommenheit in Entzückung gerathen wollen: so steiget der schreckliche Gedanke der Zernichtung,
wie ein Gespenst, in ihrer Seele empor, und verwandelt die gehoffte Freude in Verzweiflung. Ein
Hauch,

Hauch, der ausbleibt, ein Pulsschlag, der still stehet, beraubt sie aller dieser Herrlichkeiten: das Gott verehrende Wesen wird Staub, Moder und Verwesung. Ich danke den Göttern, daß sie mich von dieser Furcht befreyet, die alle Wollüste meines Lebens mit Skorpionenstichen unterbrechen würde. Meine Begriffe von der Gottheit, von der Tugend, von der Würde des Menschen, und von dem Verhältnisse, in welchem er mit Gott stehet, lassen mir keinen Zweifel mehr über seine Bestimmung. Die Hoffnung eines zukünftigen Lebens löset alle diese Schwierigkeiten auf, und bringet die Wahrheiten, von welchen wir auf so mancherley Weise überzeuget sind, wieder in Harmonie. Sie rechtfertiget die Gottheit, setzet die Tugend in ihren Adel ein, giebt der Schönheit ihren Glanz, der Wolluft ihre Reizung, versüßet das Elend, und macht selbst die Plagen dieses Lebens in unsern Augen verehrenswerth: indem wir alle Begebenheiten hienieden mit den unendlichen Reihen von Folgen vergleichen, die durch dieselben veranlasset werden. Eine Lehre, die mit so vielen bekannten und ausgemachten Wahrheiten in Harmonie stehet, und durch welche wir so ungezwungen eine Menge von Schwierigkeiten gehoben sehen, findet uns sehr geneigt, sie anzunehmen; bedarf beynahe keines fernern Beweises. Denn wenn gleich von diesen Gründen, einzeln genommen, vielleicht keiner den höchsten Grad der Gewißheit mit sich führet: so überzeugen sie uns doch, zusammen-

genommen, mit einer so siegenden Gewalt, daß sie
uns völlig beruhigen, und alle unsere Zweifel aus
dem Felde schlagen. Allein, mein lieber Sokrates!
die Schwierigkeit ist, alle diese Gründe, so oft wir es
wünschen, mit der gehörigen Lebhaftigkeit gegenwärtig zu haben, um ihre Harmonie mit Einleuchtung
zu überschauen. Wir sind zu allen Zeiten, und in
allen Umständen dieses Lebens, ihres Beystandes benö-
thiget; aber nicht alle Zeiten, nicht alle Umstände
dieses Lebens vergönnen uns die Ruhe und Besonnen-
heit der Seele, uns aller dieser Gründe lebhaft zu erinnern, und die Kraft der Wahrheit zu fühlen, die
ihrem Zusammenhange eingeflochten ist. So oft wir
uns einen Theil derselben entweder gar nicht, oder
nicht mit der erforderlichen Lebhaftigkeit vorstellen, so
verliert die Wahrheit von ihrer Stärke, und unsere
Seelenruhe ist in Gefahr. Wenn aber jener Weg,
den du, o Sokrates! einschlägst, uns durch eine
einfache Reihe von unumstößlichen Gründen zur Wahrheit führet: so können wir hoffen, uns des Beweis-
thums zu versichern, und ihn zu allen Zeiten in unserer Gewalt zu haben. Eine Kette deutlicher Schlüsse
läßt sich leichter in die Gedanken zurück bringen, als
jene Uebereinstimmung der Wahrheiten, die gewisser-
maßen ihre eigene Gemüthsbeschaffenheit erfodert.
Aus dieser Ursache trage ich kein Bedenken, dir alle
die Zweifel entgegen zu setzen, die der entschlossenste
Leugner der Unsterblichkeit vorbringen könnte. Wo

ich

ich dich recht verſtanden habe, ſo war dein Beweis
etwa folgender: Seele und Körper ſtehen in der ge-
naueſten Verbindung; dieſer wird allmählig in ſeine
Theile aufgelöſet, jene muß entweder vernichtet werden, oder Vorſtellungen haben. Durch natürliche
Kräfte kann nichts zernichtet werden; daher kann unſere Seele, natürlicher Weiſe, niemals aufhören Begriffe zu haben. Wie aber, mein lieber Sokrates!
wenn ich durch ähnliche Gründe bewieſe, daß die Harmonie fortdauren müſſe, wenn man auch die Leyer
zerbräche, oder daß die Symmetrie eines Gebäudes
noch vorhanden ſeyn müſſe, wenn auch alle Steine
von einander geriſſen, und zu Staub zermalmet werden ſollten? Die Harmonie ſo wohl, als die Symmetrie, würde ich ſagen, iſt etwas: nicht? Man würde mir dieſes nicht leugnen; jene ſtehet mit der Leyer
und dieſe mit dem Gebäude in genauer Verbindung:
auch dieſes müßte man zugeben. Vergleichet die
Leyer oder das Gebäude mit dem Körper, und die
Harmonie oder Symmetrie mit der Seele: ſo haben
wir erwieſen, daß das Saitenſpiel länger dauren
müſſe, als die Saiten, das Ebenmaß länger, als
das Gebäude. Nun iſt dieſes in Abſicht auf die Harmonie und Symmetrie höchſt ungereimt; denn da ſie
die Art und Weiſe der Zuſammenſetzung andeuten:
ſo können ſie nicht länger dauren, als die Zuſammenſetzung ſelbſt.

J   Ein

ich dich recht verstanden habe, so war dein Beweis
etwa folgender: Seele und Körper stehen in der genauesten Verbindung; dieser wird allmählig in seine
Theile aufgelöset, jene muß entweder vernichtet werden, oder Vorstellungen haben. Durch natürliche
Kräfte kann nichts zernichtet werden; daher kann unsere Seele, natürlicher Weise, niemals aufhören Begriffe zu haben. Wie aber, mein lieber Sokrates!
wenn ich durch ähnliche Gründe bewiese, daß die Harmonie fortdauern müsse, wenn man auch die Leyer
zerbräche, oder daß die Symmetrie eines Gebäudes
noch vorhanden seyn müsse, wenn auch alle Steine
von einander gerissen, und zu Staub zermalmet werden sollten? Die Harmonie so wohl, als die Symmetrie, würde ich sagen, ist etwas: nicht? Man würde mir dieses nicht leugnen; jene stehet mit der Leyer
und diese mit dem Gebäude in genauer Verbindung:
auch dieses müßte man zugeben. Vergleichet die
Leyer oder das Gebäude mit dem Körper, und die
Harmonie oder Symmetrie mit der Seele: so haben
wir erwiesen, daß das Saitenspiel länger dauren
müsse, als die Saiten, das Ebenmaß länger, als
das Gebäude. Nun ist dieses in Absicht auf die Harmonie und Symmetrie höchst ungereimt; denn da sie
die Art und Weise der Zusammensetzung andeuten:
so können sie nicht länger dauren, als die Zusammensetzung selbst.

J

Ein

Ein Gleiches läßt sich von der Gesundheit behaupten: Sie ist eine Eigenschaft des gegliederten Körpers, und nirgends anders anzutreffen, als wo die Verrichtungen dieser Glieder zur Erhaltung des Ganzen abzielen; sie ist ein Eigenthum des Zusammengesetzten, und verschwindet, wenn das Zusammengesetzte in seine Theile aufgelöset wird. Mit dem Leben hat es wahrscheinlicher Weise eine ähnliche Bewandniß. Das Leben einer Pflanze höret auf, so bald die Bewegungen in den Theilen derselben zur Auflösung des Ganzen abzielen. Das Thier hat vor der Pflanze die Gliedmaßen der Sinne und die Empfindung, und endlich der Mensch die Vernunft voraus. Vielleicht ist diese Empfindung in den Thieren, und selbst die Vernunft des Menschen, nichts als Eigenschaften des Zusammengesetzten, so wie Leben, Gesundheit, Harmonie, u. s. w. die ihrer Natur und Beschaffenheit nach nicht länger dauren können, als die Zusammensetzungen, von denen sie unzertrennlich sind. Reichet die Kunst des Baues hin, Pflanzen und Thieren Leben und Gesundheit zu geben, so kann eine höhere Kunst vielleicht dem Thiere Empfindung, und dem Menschen Vernunft verleihen. Wir Blödsinnigen begreifen jenes so wenig, als dieses. Des geringsten Blättchens kunstreiche Bildung übersteigt alle menschliche Vernunft, enthält Geheimnisse, die des Fleißes und der Scharfsinnigkeit unserer spätesten Nachkommen noch spotten werden: und wir wollen vor-

vorschreiben, was durch die Organisation erhalten
werden kann, und was nicht? Wollen wir der Allmacht oder der Weisheit des Schöpfers Grenzen setzen? Eines von beiden, dächte ich, müssen wir
nothwendig, wenn unsere Nichtigkeit entscheiden soll,
daß die Kunst des Allmächtigen selbst kein Vermögen
zu empfinden und zu denken durch die Bildung der
feinsten Materie hervor bringen könne.

Du siehst, mein lieber Sokrates! was deinen
Schülern zur völligen unwankenden Ueberzeugung
noch fehlet. Ist die Seele beym Leben etwas, das
der Allmächtige außer dem Körper und seiner Bildung geschaffen und mit ihm verbunden hat: so hat
es seine Richtigkeit, daß die Seele auch nach dem
Tode fortdauren und Vorstellungen haben müsse; allein wer leistet für jenes die Gewehr? die Erfahrung
scheinet vielmehr das Gegentheil auszusagen. Das
Vermögen zu denken wird gebildet mit dem Körper,
wächst mit demselben, und leidet mit demselben ähnliche Veränderungen. Jede Krankheit in dem Körper wird von Schwäche, Zerrüttung oder Unvermögen in der Seele begleitet. Vornehmlich stehen die
Verrichtungen des Gehirns und der Eingeweide in so
genauer Verbindung mit der Wirksamkeit des Denkungsvermögens, daß man sehr geneigt ist, beide aus
einer Quelle herzuleiten, und also das Unsichtbare
durch das Sichtbare zu erklären; so wie man Licht

J 2   und

und Wärme einer einzigen Ursache zuschreibt, weil sie in ihren Veränderungen so sehr übereinstimmen.

Simmias schwieg, und Cebes ergriff das Wort. Unser Freund Simmias, sprach er, scheinet nur das sicher besitzen zu wollen, was ihm versprochen worden, ich aber, mein lieber Sokrates! möchte gern mehr haben, als du uns zugesagt. Wenn deine Beweise auch wider alle Einwürfe geschützet werden, so folget doch nichts mehr aus denselben, als daß unsere Seele nach dem Hintritt unsers Körpers fortdauret und Vorstellungen hat; aber wie fortdauret? vielleicht so, wie sie im Schwindel, in einer Ohnmacht, oder im Schlafe fortdauret. Die Seele des Schlafenden muß nicht ganz ohne Begriffe seyn; die Gegenstände umher müssen durch schwächere Eindrücke auf seine Sinne wirken, und in seiner Seele wenigstens schwache Empfindungen erregen, sonst würden stärkere und stärkere Eindrücke ihn nicht auf wecken können *). Aber was sind dieses für Begriffe? Ein dunkles Gefühl ohne Bewußtseyn, ohne Erinnerung, ein vernunftloser Zustand, in welchem

*) Wenn mächtige Eindrücke lebhafte Empfindungen erregen; so müssen die schwächsten selbst nicht ganz ohne Wirkung seyn; sondern Empfindungen veranlassen, die nur dem Grade der Lebhaftigkeit nach von jenen unterschieden sind.

chem wir uns des Vergangenen nicht erinnern, und
dessen wir uns auch in Zukunft nie wieder besinnen.
Sollte nun unsere Seele mit der Trennung von dem
Leibe in eine Art von Schlaf oder Hinbrüten versin-
ken, und nie wieder aufwachen, was hätten wir
durch ihre Fortdauer gewonnen? Ein vernunftloses
Daseyn ist von der Unsterblichkeit, die du hoffest,
noch weiter entfernt, als die Glückseligkeit der Thiere
von der Glückseligkeit eines Gott erkennenden Geistes.
Wenn das, was ihm nach dem wiederfähret, uns angehen, und schon hienieden Furcht oder Hoffnung in
uns erregen soll: so müssen wir selbst, die wir uns
allhier unser bewußt sind, noch in jenem Leben dieses
Selbstgefühl behalten, und uns des Gegenwärtigen
erinnern können. Wir müssen das, was wir seyn
werden, mit dem, was wir jetzt sind, vergleichen,
und darüber urtheilen können. Ja, wo ich dich
recht verstanden, mein lieber Sokrates! so erwar-
test du nach dem Tode ein besseres Leben, eine gröf-
sere Erleuchtung des Verstandes, edlere und erhab-
nere Bewegungen des Herzens, als dem beglücktesten
Sterblichen auf Erden zu Theile worden: worauf
gründet sich diese schmeichelnde Hoffnung? Der Mangel alles klaren Bewußtseyns ist für unsere Seele,
wenigstens für eine kurze Zeit, ein nicht unmöglicher
Zustand: hievon überzeugt uns die tägliche Erfahrung.
Wie, wenn ein solcher nach dem Tode in Ewigkeit
fortdauren sollte?

J 3   Zwar

Zwar haſt du uns vorhin gezeigt, daß alles Verwandelliche unaufhörlich verändert werden müſſe, und aus dieſer Lehre leuchtet ein Stral der Hoffnung, daß meine Beſorgniß ungegründet ſey. Denn, wenn die Reihe der Veränderungen, die unſerer Seele bevorſtehen, ins Unendliche fortgehen, ſo iſt höchſt wahrſcheinlich, daß ſie nicht beſtimmt ſey, in Ewigkeit fort zu ſinken, und von ihrer göttlichen Schönheit immer mehr und mehr zu verlieren; ſondern daß ſie ſich, wenigſtens mit der Zeit, auch erheben und die Stuffe wieder einnehmen werde, auf welcher ſie ſchon in der Schöpfung geſtanden, nehmlich eine Betrachterinn der Werke Gottes zu ſeyn. Und mehr als einen hohen Grad der Wahrſcheinlichkeit braucht es nicht, uns in der Vermuthung zu beſtärken, daß dem Tugendhaften ein beſſeres Leben bevorſtehet. Indeſſen, mein lieber Sokrates! wünſche ich auch dieſen Punkt von dir berühret zu ſehen, weil ich weiß, daß alle Worte, die du heute ſprichſt, ſich tief in meine Seele eingraben, und von unauslöſchlichem Andenken ſeyn werden.

Wir hörten alle aufmerkſam zu, und wie wir uns nachher geſtanden, nicht ohne Unwillen, daß man uns eine Lehre zweifelhaft und ungewiß machte, von welcher wir ſo ſehr überzeugt zu ſeyn glaubten. Nicht nur dieſe Lehre, ſondern alles, was wir wußten und glaubten, ſchien uns damals ungewiß und

ſchwan=

schwankend zu werden, da wir sahen, daß entweder
wir die Gabe nicht besitzen, Wahrheit vom Irrthum
zu unterscheiden, oder daß sie an und für sich selbst
nicht zu unterscheiden seyn müßten.

Echekrates.

Mich wundert es nicht, mein lieber Phädon!
daß ihr so dachtet: mir selbst ward, indem ich dir
zuhörte, nicht anders zu Muthe. Die Gründe des
Sokrates hatten mich völlig überführt, und ich
schien versichert, daß ich sie niemals würde in Zweifel ziehen können; allein des Simmias Einwurf
macht mich wieder zweifelhaft, und ich erinnere mich,
daß ich vormals eben der Meynung gewesen, daß die
Kraft zu denken eine Eigenschaft des Zusammengesetzten
seyn, und ihren Grund in einer feinen Organisation
oder Harmonie der Theile haben könne. Aber sage
mir, lieber Phädon! wie hat Sokrates diese Einwürfe aufgenommen? ward er so verdrüßlich darüber,
als ihr, oder begegnete er ihnen mit seiner gewöhnlichen
Sanftmuth? und hat seine Antwort euch Gnüge
gethan, oder nicht? Ich möchte dieses alles gern so
umständlich als möglich von dir vernehmen.

Phädon.

Habe ich den Sokrates jemals bewundert, mein
lieber Echekrates! so war es gewiß bey dieser Gelegenheit. Daß er eine Widerlegung in Bereitschaft

J 4   hatte,

hatte, ist eben nichts unerwartetes von ihm. Was mir bewundernswürdig schien, war erstlich die Gütigkeit, Freundlichkeit und Sanftmuth, womit er das Vernünfteln dieser jungen Leute aufgenommen; so dann wie schnell er gemerkt, was für Eindrücke die Einwürfe auf uns gemacht, wie er uns zu Hülfe eilete, wie er uns gleichsam von der Flucht zurück rief, zur Gegenwehr aufmunterte, und selbst zum Streite anführte.

Echekrates.

Wie war dieses?

Phädon.

Das will ich dir erzählen. Ich saß ihm zur Rechten, neben dem Bette, auf einem niedrigen Sessel, er aber etwas höher, als ich. Er ergriff mein Haupt, und streichelte mir die Haare, die in den Nacken herunter hangen; wie er denn gewohnt war, zuweilen mit meinen Locken zu spielen: Morgen, sprach er, Phädon! dürftest du wohl diese Locken auf das Grab eines Freundes streuen. Allem Ansehen nach, erwiederte ich. O! thue es nicht, versetzte er. Warum denn das? fragte ich. Noch heute, fuhr er fort, müssen wir beide unser Haar abschneiden, wenn unser schönes Lehrgebäude so dahin stirbt, und wir nicht im Stande sind, es wieder aufzuwecken. Und wenn ich an deiner Stelle wäre, und man hätte mir eine solche

che Lehre zu Grunde gerichtet: so würde ich, wie je=
ner Argiver, ein Gelübde thun, nicht eher mein
Haupthaar wieder wachsen zu lassen, bis ich des Sim=
mias und Cebes Gegengründe besiegt hätte. Man
pflegt zu sagen, sprach ich: Herkules selbst rich=
tet wider Zween nichts aus. So rufe denn,
weil es noch helle ist, mich, deinen Jolaus, zu Hül=
fe, versetzte er. Gut! sprach ich, ich will dich zu
Hülfe rufen; aber nicht wie Herkules seinen Jolaus,
sondern wie Jolaus den Herkules. Das thut nichts
zur Sache, erwiederte er. Vor allen Dingen müs=
sen wir uns vor einem gewissen Fehltritt in acht neh=
men. Vor welchem? fragte ich. Daß wir nicht Ver=
nunfthasser werden, sprach er, so wie gewisse Leu=
te Menschenhasser werden. Kein größeres Unglück
könnte uns wiederfahren! — Der Vernunfthaß und
der Menschenhaß pflegen auf eine ähnliche Weise zu
entstehen. Der Menschenhaß nehmlich entstehet ins=
gemein, wenn man Anfangs ein blindes Vertrauen
in Jemanden setzet, und ihn in allen Stücken für ei=
nen getreuen, aufrichtigen, und rechtschaffenen Men=
schen hält, so dann aber erfähret, daß er weder auf=
richtig noch rechtschaffen sey; besonders wenn uns die=
ses zu wiederholten malen, und so gar in Ansehung
derer begegnet, die wir für unsere besten und vertrau=
testen Freunde gehalten. Alsdann wird man mißver=
gnügt, wirft seinen Haß auf alle Menschen ohne Un=
terschied, und trauet Niemanden mehr die mindeste

J 5   Recht=

Rechtschaffenheit zu. Hast du nicht bemerkt, daß es
also zu gehen pflegt? Sehr oft, antwortete ich. Ist
dieses aber nicht schändlich?· und heißt es nicht, ohne
die geringste Einsicht in die menschliche Natur, von
der menschlichen Gesellschaft Nutzen haben wollen?
Wer nicht ganz ohne Nachdenken ist, findet hierinn
gar leicht die Mittelstraße, die in der That auch die
Wahrheit für sich hat. Der vollkommen guten oder
bösen Menschen sind nur sehr wenige. Die mehresten
halten ungefähr das Mittel zwischen beiden Grenzen: — Wie sagst du? fragte ich. — So wie etwa, sprach er, in Ansehung des Größten und Kleinsten, oder der übrigen Eigenschaften. Was ist selt-
ner, als ein Mensch, Hund oder anderes Geschöpf,
das sehr groß oder sehr klein, sehr schnell oder sehr lang-
sam, außerordentlich schön, häßlich, schwarz, weiß,
u. s. w. sey? Und hast du nicht auch bemerkt, daß in
allen diesen Dingen das Aeußerste an beiden Seiten
wenig und selten, das Mittelmäßige hingegen am
allerhäufigsten angetroffen wird? Mich dünkt es,
sprach ich. Meynest du nicht, versetzte er, wenn auf
die äußerste Nichtswürdigkeit ein Preis gesetzt würde,
daß sehr wenige Menschen denselben verdienen würden?
Wahrscheinlicher Weise, antwortete ich. Höchst wahrscheinlicher Weise, fuhr er fort. Jedoch in diesem
Puncte findet sich zwischen der Vernunft und zwischen
dem menschlichen Geschlechte vielmehr eine Unähnlichkeit, als eine Aehnlichkeit: und ich bin durch dei-

ne

ne Fragen auf diesen Abweg verleitet worden. Die
Aehnlichkeit ist aber alsdann zu sehen, wann Jemand,
ohne gehörige Untersuchung, und ohne Einsicht in die
Natur der menschlichen Vernunft, irgend einen
Schluß für wahr und bindig hält, und kurz darauf
ihn wiederum unwahr zu finden glaubt, er möchte es
nun an und für sich selbst seyn, oder nicht: — vornehmlich wenn dieses, so wie vorhin in Ansehung der
Freundschaft, sich öfters zugetragen. Alsdann ergehet es ihm, wie jenen berüchtigten Tausendkünstlern,
die so lange was man nur will verfechten und widerlegen, bis sie sich einbilden, die Weisesten unter den
Sterblichen, ja die einzigen zu seyn, die da wahrge-
nommen, daß die Vernunft, so wie alle übrigen Dinge auf Erden, nichts Sicheres und Zuverläßiges habe; sondern daß alles, wie auf dem Euripus, im
Meerstrudel auf und nieder schwanke, und keinen Augenblick an seiner vorigen Stelle bleibe. Es ist wahr,
sagte ich. Wie aber, mein lieber Phädon! fuhr er
fort: gesetzt, die Wahrheit sey an und für sich nicht
nur zuverläßig und unveränderlich, sondern auch dem
Menschen nicht ganz unerforschlich: und es ließe sich
jemand von dergleichen Vorspiegelungen von Gründen und Gegengründen, die sich einander aufheben,
dahin verleiten, daß er nicht sich und seiner Unfähig-
keit die Schuld gäbe, sondern aus Unwillen sie lieber
der Vernunft selbst zur Last legte, und die übrige Zeit
seines Lebens alle Vernunftgründe hassete und verab-
scheuete,

scheuete, alle Wahrheit und alle Erkenntniß ferne von
sich seyn ließe: wäre das Unglück dieses Menschen nicht
bejammernswerth? Beym Jupiter! antwortete ich,
sehr bejammernswerth. Wir müssen also fürs erste
diesen Irrthum zu vermeiden, und uns zu überzeugen suchen, daß nicht die Wahrheit selbst ungewiß
und schwankend, sondern unser Verstand öfters zu
schwach sey, dieselbe feste zu halten, und sich ihrer zu
bemeistern; daher wir unsere Kräfte und unsern Muth
verdoppeln und immer neue Angriffe wagen müssen.
Wir alle sind dazu verpflichtet, meine Freunde! Ihr
des bevorstehenden Lebens, und ich des Todes halber;
ja, ich habe so gar einen Bewegungsgrund dazu, der
ziemlich nach gemeiner, unwissender Leute Denkungsart mehr rechtsüchtig, als wahrheitliebend scheinen
dürfte. Wenn diese etwas Zweifelhaftes zu untersuchen haben, so bekümmern sie sich wenig, wie die
Sache an sich selber beschaffen sey, wenn sie nur
Recht und ihre Meynungen von den Anwesenden Beyfall erhalten. Ich werde von diesen Leuten nur in
einem Puncte unterschieden seyn. Denn daß ich die
Anwesenden von meiner Meynung überführe, ist bey
mir nur eine Nebenabsicht; meine vornehmste Sorge
gehet dahin, mich selbst zu bereden, daß sie der Wahrheit gemäß sey, weil ich gar zu großen Vortheil dabey finde. Denn siehe, liebster Freund! ich mache
folgenden Schluß: Ist die Lehre, die ich vortrage,
gegründet, so thue ich wohl, daß ich mich davon über-

zeuge;

zeuge; ist aber den Verstorbenen keine Hoffnung mehr
übrig, so gewinne ich wenigstens dieses, daß ich meinen Freunden noch vor meinem Tode nicht durch Klagen beschwerlich falle. Ich ergetze mich zuweilen an
dem Gedanken, daß alles, was dem gesammten menschlichen Geschlechte wirklichen Trost und Vortheil bringen
würde, wenn es wahr wäre, schon deswegen sehr viel
Wahrscheinlichkeit für sich habe, daß es wahr sey.
Wenn die Zweifelsüchtigen wider die Lehre von Gott
und der Tugend vorwenden, sie sey eine bloße politi-
sche Erfindung, die zum Besten der menschlichen Gesellschaft erdacht worden: so möchte ich ihnen allezeit
zurufen: O! meine Freunde! erdenket einen Lehrbe-
griff, welcher der menschlichen Gesellschaft so unent-
behrlich ist, und ich wette, daß er wahr sey. Das
menschliche Geschlecht ist zur Geselligkeit, so wie jedes
Glied zur Glückseligkeit berufen. Alles, was auf eine allgemeine, sichere und beständige Weise zu diesem
Endzwecke führen kann, ist unstreitig von dem weisesten Urheber aller Dinge als ein Mittel gewählt,
und hervorgebracht worden. Diese schmeichelhafte
Vorstellungen haben ungemein viel Tröstliches, und
zeigen uns das Verhältniß zwischen dem Schöpfer und
dem Menschen in dem erquickendsten Lichte: daher ich
nichts so sehr wünsche, als mich von der Wahrheit
derselben zu überzeugen. Jedoch, es wäre nicht gut,
wenn meine Unwissenheit hierüber noch lange dauren
sollte. Nein! ich werde bald davon befreyet werden. —

In

In dieser Verfassung, Simmias und Cebes! wende ich mich zu euren Einwürfen. Ihr, meine Freunde! wenn ihr meinem Rathe folgen wollet, so sehet mehr auf die Wahrheit, als auf den Sokrates. Findet ihr, daß ich der Wahrheit getreu bleibe, so gebt mir Beyfall; wo nicht, so widersetzet euch ohne die geringste Nachsicht: damit ich nicht, aus gar zu guter Meynung, euch und mich selbst hintergehe, und wie eine Biene, die ihren Stachel zurück läßt, von euch scheide. —

Wohlan, meine Freunde! merket auf, und erinnert mich, wo ich etwas von euren Gründen auslassen, oder unrichtig vortragen würde. Simmias räumet ein, daß unser Denkungsvermögen entweder für sich geschaffen seyn, oder durch die Zusammensetzung und Bildung des Körpers hervorgebracht werden muß: Nicht? — Richtig! — In dem ersten Falle, wenn die Seele nehmlich als ein für sich geschaffenes unkörperliches Ding zu betrachten ist, billiget er ferner die Reihe von Vernunftschlüssen, durch welche wir bewiesen, daß sie nicht mit dem Körper aufhören, durchaus nicht anders vergehen könne, als durch den allmächtigen Wink ihres Urhebers. Wird dieses noch zugegeben, oder stehet unter euch jemand noch an? — Wir stimmten alle willig ein. — Und daß dieser allgütige Urheber kein Werk seiner Hände jemals zernichte: so viel ich mich er-

erinnere, hat auch hieran Niemand gezweifelt. —
Niemand. — Aber dieses befürchtet Simmias:
Vielleicht ist unser Vermögen zu empfinden und zu
denken kein für sich erschaffenes Wesen; sondern, wie
die Harmonie, wie die Gesundheit, oder wie das Leben der Pflanzen und der Thiere, die Eigenschaft eines künstlich gebildeten Körpers: war es nicht dieses,
was du besorgtest? — Eben dieses, mein Sokrates! — Wir wollen sehen, sprach er, ob dasjenige, was wir von unserer Seele wissen, und, so oft
wir wollen, erfahren können, nicht deine Besorgniß
unmöglich machet. Was geschiehet bey der künstlich-
sten Bildung oder Zusammensetzung der Dinge? werden da nicht gewisse Dinge näher zusammengebracht,
die vorhin von einander entfernet waren? — Allerdings! — Sie sind vorhin mit andern in Verbindung gewesen, und nunmehr werden sie unter sich
verbunden, und machen die Bestandtheile des Ganzen aus, das wir ein Zusammengesetztes nennen. — Gut! — Durch diese Verbindung der
Theile entstehet erstlich in der Art und Weise, wie diese
Bestandtheile neben einander sind, eine gewisse Ordnung, die mehr oder weniger vollkommen ist. —
Richtig! — So dann werden auch die Kräfte und
Wirksamkeiten der Bestandtheile durch die Zusammensetzung mehr oder weniger verwandelt, nachdem sie
durch Wirkung und Gegenwirkung bald gehemmet,
bald befördert, und bald in ihrer Richtung verändert

wer-

werden: Nicht? — Es scheinet. — Der Urheber
einer solchen Zusammensetzung siehet bald einzig und
allein auf das Nebeneinanderseyn der Theile: Z. B.
bey der Wohlgereimtheit und dem Ebenmaß in der
Baukunst, wo nichts als diese Ordnung der Neben-
einanderseyenden in Betrachtung kömmt; bald hingegen gehet seine Absicht auf die veränderte Wirksamkeit der Bestandtheile, und die daraus erfolgte Kraft
des Zusammengesetzten, wie bey einigen Triebwerken
und Maschinen; ja es giebt dergleichen, wo man
deutlich siehet, daß der Künstler sein Absehen auf beides, auf die Ordnung der Theile und auf die Abän-
derung ihrer Wirksamkeit, zugleich gerichtet hat. —
Der menschliche Künstler, sprach Simmias, vielleicht etwas selten, aber der Urheber der Natur scheinet diese Absichten allezeit auf das allervollkommenste
verbunden zu haben. — Vortréflich, versetzte Sokrates; jedoch ich verfolge diese Nebenbetrachtung
nicht weiter. Sage mir nur dieses, mein Simmias! kann durch die Zusammensetzung eine Kraft
im Ganzen entstehen, die nicht in der Wirksamkeit
der Bestandtheile ihren Grund hat? — Wie meynst
du? mein Sokrates! — Wenn alle Theile der
Materie, ohne Wirkung und Widerstand, in einer
tödten Ruhe nebeneinander lägen, würde die künst-
lichste Ordnung und Versetzung derselben, im Ganzen
irgend eine Bewegung, einen Widerstand, überhaupt eine Kraft hervorbringen können? — Es scheinet

net nicht, antwortete Simmias; aus unwirksamen
Theilen kann wohl kein wirksames Ganzes zusammengesetzt werden. — Gut! sprach er, wir können
diesen Grundsatz also annehmen. Allein wir bemerken gleichwohl, daß in dem Ganzen Uebereinstimmung und Ebenmaß angetroffen werden kann, ob
gleich jeder Bestandtheil für sich weder Harmonie,
noch Ebenmaß hat: wie gehet dieses zu? Kein ein-
zelner Laut ist harmonisch: und gleichwohl machen
viele zusammen eine Harmonie aus. Ein wohlge-
ordnetes Gebäude kann aus Steinen bestehen, die
weder Ebenmaß noch Regelmäßigkeit haben. Warum
kann ich hier aus unharmonischen Theilen ein harmonisches Ganzes, aus regellosen Theilen ein höchst
regelmäßiges Ganzes zusammensetzen? — O! dieser Unterschied ist handgreiflich, versetzte Simmias,
Ebenmaß, Harmonie, Regelmäßigkeit, Ordnung,
u. s. w. können, ohne Mannigfaltigkeit, nicht gedacht werden: denn sie bedeuten das Verhältniß verschiedener Eindrücke, wie sie sich uns, zusammengenommen, und in Vergleichung gegeneinander, dar-
stellen. Es gehört also zu diesen Begriffen ein Zusammennehmen, eine Vergleichung mannigfaltiger
Eindrücke, die zusammen ein Ganzes ausmachen,
und sie können daher den einzelnen Theilen unmöglich zukommen. — Fahre fort, mein lieber Simmias! rief Sokrates mit einem innern Wohlgefallen über die Scharfsinnigkeit seines Freundes; sage

K   uns

uns auch dieses: Wenn jeder einzelne Laut nicht einen
Eindruck in das Gehör machen sollte, würde aus vielen wohl eine Harmonie entstehen können? — Unmöglich! — So auch mit dem Ebenmaße: Jeder
Theil muß in das Auge wirken, wenn aus vielen
das, was wir Ebenmaß nennen, entstehen soll. —
Nothwendiger Weise. — Wir sehen also auch hier,
daß im Ganzen keine Wirksamkeit entstehen kann, wovon der Grund nicht in den Bestandtheilen anzutreffen, und daß alles übrige, was aus den Eigenschaften der Elemente und Bestandtheile nicht fließt, wie
die Ordnung, Symmetrie, u. s. w. einzig und allein in der Art der Zusammensetzung zu suchen sey.
Sind wir von diesem Satze überzeugt? meine Freunde! — Vollkommen. — Es kömmt also bey jeder,
auch der allerkünstlichsten Zusammensetzung der Dinge, zweyerley zu betrachten vor: erstlich, die Folge
und Ordnung der Bestandtheile in der Zeit oder im
Raume; sodann, die Verbindung der ursprünglichen
Kräfte, und die Art und Weise, wie sie sich im Zusammengesetzten äußern. Durch die Anordnung und
Lage der Theile werden zwar die Wirkungen der einfachen Kräfte eingeschränkt, bestimmt und abgeändert;
aber niemals kann durch die Zusammensetzung eine
Kraft oder Wirksamkeit erhalten werden, deren Ursprung nicht in den Grundtheilen zu suchen ist. Ich
verweile mich hier ein wenig bey diesen subtilen Grund-
betrachtungen, meine Freunde! wie ein Wettläufer,

der

der zu verschiedenen malen ansetzt, um alsdann mit
vermehrtem Triebe fortzueilen, sich um das Ziel herum zu schwenken, und, wenn ihm die Götter Glück
und Ruhm beschieden, den Sieg davon zu tragen.
Erwäge es mit mir, mein lieber Simmias! wenn
unser Vermögen zu empfinden und zu denken kein
für sich erschaffenes Wesen, sondern eine Eigenschaft
des Zusammengesetzten seyn soll: muß es nicht entweder, wie Harmonie und Ebenmaß, aus einer gewissen Lage und Ordnung der Theile erfolgen, oder,
wie die Kraft des Zusammengesetzten, seinen Ursprung
in der Wirksamkeit der Bestandtheile haben? —
Allerdings, da, wie wir gesehen, kein Drittes sich
gedenken läßt. — In Ansehung der Harmonie haben wir gesehen, daß z. B. jeder einzelne Laut nichts
Harmonisches hat, und die Uebereinstimmung bloß
in Gegeneinanderhaltung und Vergleichung verschiedener Laute bestehe: Nicht? — Richtig! — Eine
gleiche Bewandniß hat es mit der Symmetrie und
Regelmäßigkeit eines Gebäudes: sie bestehet in der
Zusammenfassung und Vergleichung vieler einzelnen
unregelmäßigen Theile. Dieses ist nicht zu leugnen.
Aber diese Vergleichung und Gegeneinanderhaltung,
ist sie wohl etwas anders, als die Wirkung des Denkungsvermögens? und wird sie, außer dem denkenden
Wesen, irgendwo in der Natur anzutreffen seyn? —
Simmias wußte nicht, was er hierauf antworten
sollte. — In der undenkenden Natur, fuhr So-

K 2   krates

krates fort, folgen einzelne Laute, einzelne Steine
auf und neben einander. Wo ist hier Harmonie,
Symmetrie, oder Regelmäßigkeit? Wenn kein denkendes Wesen hinzukömmt, das die mannigfaltigen
Theile zusammennimmt, gegeneinander hält, und in
dieser Vergleichung eine Uebereinstimmung wahr-
nimmt, so weiß ich sie nirgend zu finden; oder weißt
du, mein lieber Simmias! in der seelenlosen Natur ihre Spur aufzusuchen? — Ich muß mein Unvermögen bekennen, war seine Antwort, ob ich gleich
merke, wohin dieses abzielet. — Eine glückliche
Vorbedeutung! rief Sokrates, wenn den Gegner
selbst seine Niederlage ahndet. Antworte mir indessen unverdrossen, mein Freund! denn du hast keinen
geringen Theil an dem Siege, den wir über dich
selbst zu erhalten hoffen: Kann der Ursprung einer
Sache aus ihren eignen Wirkungen erkläret werden? — Auf keinerley Weise. — Ordnung, Ebenmaß, Harmonie, Regelmäßigkeit, überhaupt alle
Verhältnisse, die ein Zusammennehmen und Gegeneinanderhalten des Mannigfaltigen erfodern, sind
Wirkungen des Denkungsvermögens. Ohne Hinzu-
thun des denkenden Wesens, ohne Vergleichung und
Gegeneinanderhaltung der mannigfaltigen Theile ist
das regelmäßigste Gebäude ein bloßer Sandhaufen,
und die Stimme der Nachtigall nicht harmonischer,
als das Aechzen der Nachteule. Ja ohne diese Wirkung giebt es in der Natur kein Ganzes, das aus

vielen

vielen außer einander seyenden Theilen bestehet;
denn diese Theile haben ein jedes sein eignes Daseyn,
und sie müssen gegen einander gehalten, verglichen,
und in Verbindung betrachtet werden, wenn sie ein
Ganzes ausmachen sollen. Das denkende Vermögen,
und dieses allein in der ganzen Natur, ist fähig,
durch eine innerliche Thätigkeit Vergleichungen, Ver-
bindungen und Gegeneinanderhaltungen wirklich zu
machen: daher der Ursprung alles Zusammengesetzten,
der Zahlen, Größen, Symmetrie, Harmonie u. s. w.
in so weit sie ein Vergleichen und Gegeneinanderhalten erfordern, einzig und allein in dem denkenden
Vermögen zu suchen seyn muß. Und da dieses zugegeben wird, so kann ja dieses Denkungsvermögen
selbst, die Ursache aller Vergleichung und Gegeneinanderhaltung, unmöglich aus diesen ihren eigenen
Verrichtungen entspringen, unmöglich in einer Verhältniß, Harmonie, Symmetrie, unmöglich in einem Ganzen bestehen, das aus außereinander seyenden Theilen zusammengesetzt ist: denn alle diese Dinge setzen die Wirkungen und Verrichtungen des denkenden Wesens voraus, und können nicht anders,
als durch dieselben, wirklich werden. — Dieses ist
sehr deutlich, versetzte Simmias. — Da ein jedes
Ganzes, das aus Theilen, die außer einander sind,
bestehet, ein Zusammennehmen und Vergleichen dieser Theile zum voraus setzet, dieses Zusammennehmen und Vergleichen aber die Verrichtung eines Vor-

K 3 stellungs-

stellungsvermögens seyn muß: so kann ich den Ursprung dieses Vorstellungsvermögens selbst nicht in
ein Ganzes setzen, das aus solchen auseinandersetzen-
den Theilen bestehet, ohne eine Sache durch ihre eigenen Verrichtungen entstehen zu lassen. Und eine
solche Ungereimtheit haben die Fabeldichter selbst, so
viel ich weiß, noch niemals gewagt. Niemand hat
noch den Ursprung einer Flöte in das Zusammenstim-
men ihrer Töne, oder den Ursprung des Sonnen-
lichts in den Regenbogen gesetzt. — Wie ich ver-
merke, mein lieber Sokrates! ist nunmehro auch
der Ueberrest unsers Zweifels dahin. — Er verdienet indessen besonders erwogen zu werden, erwiederte
jener, wenn ich anders durch diese dornigten Untersuchungen eure Geduld nicht ermüde. Wage es immer, Freund! rief ihm Kriton zu, auch die Geduld dieser auf die Probe zu setzen. Du hast der meinigen wenigstens nicht geschonet, als ich auf die Ausführung eines Vorschlages drang : : Nichts von einer Sache, fiel ihm Sokrates in das Wort, die
nunmehr ihre zuverläßige Richtigkeit hat. Wir haben hier Dinge zu untersuchen, die noch dem Zweifel
unterworfen zu seyn scheinen. Zwar dieses nicht
mehr, daß unser Vermögen zu empfinden und zu
denken in der Lage, Bildung, Ordnung und Harmonie körperlicher Bestandtheile zu suchen seyn sollte:
dieses haben wir, ohne weder der Allmacht noch der
Weisheit Gottes zu nahe zu treten, als unmöglich
ver-

verworfen. Aber vielleicht ist dieses denkende Vermögen eine von den Thätigkeiten des Zusammengesetzten, wie die Kraft der Bewegung, der Ausdehnung, des Zusammenhängens u. s. w. die von der
Lage und Bildung der Theile wesentlich unterschieden,
und dennoch nirgend anders, als im Zusammengesetzten, anzutreffen sind? Ist dieses nicht der einzige
Ueberrest des Zweifels, den wir bestreiten? mein
werther Simmias! — Richtig! — Wir wol-
len also diesen Fall setzen, fuhr Sokrates fort, und
annehmen, unsere Seele sey eine Wirksamkeit des
Zusammengesetzten. Wir haben gefunden, daß alle
Wirksamkeiten des Zusammengesetzten aus den Kräften der Bestandtheile fließen müssen: werden also,
nach unserer Voraussetzung, die Bestandtheile des
denkenden Körpers nicht Kräfte haben müssen, aus
denen im Zusammengesetzten das Vermögen zu denken resultiret? — Allerdings! — Aber die Kräfte
dieser Bestandtheile, von welcher Natur und Beschaffenheit wollen wir sie annehmen? sollen sie der
denkenden Thätigkeit ähnlich oder unähnlich seyn? —
Diese Frage begreife ich nicht recht, war Simmias
Antwort. — Eine einzelne Sylbe, sprach Sokrates, hat mit der ganzen Rede dieses gemein, daß
sie vernehmlich ist; aber die ganze Rede hat einen
Verstand, die Sylbe keinen: Nicht? — Richtig! —
Indem also nur jede Sylbe ein zwar vernehmliches,
aber verstandleeres Gefühl erregt, so entspringet aus

K 4

ihrem

ihrem Innbegriffe dennoch ein verständiger Sinn,
der auf unsere Seele wirkt. Allhier entspringet die
Wirksamkeit des Ganzen aus den Kräften der Theile,
die ihnen unähnlich sind. — Dieses läßt sich begreifen. — In Ansehung der Harmonie, Ordnung
und Schönheit haben wir ein gleiches wahrgenom-
men. Das Wohlgefallen, das sie in der Seele wirken, entspringet aus den Eindrücken der Bestandtheile, deren jeder weder Wohlgefallen noch Mißfallen erregen kann. — Gut! — Abermals ein
Beyspiel, daß die Thätigkeit des Ganzen aus Kräften der Bestandtheile, die ihnen unähnlich sind, entspringen könne. — Ich gebe es zu. — Ich weiß
nicht, ob ich nicht vielleicht zu weit gehe, mein
Freund! aber ich stelle mir vor, alle Thätigkeiten körperlicher Dinge können aus solchen Kräften des Ur-
stoffs entspringen, die ihnen ganz unähnlich sind.
Die Farbe z. B. kann vielleicht in solche Eindrücke
aufgelöset werden, die nichts gefärbtes haben, und
die Bewegung selbst entspringet vielleicht aus ursprünglichen Kräften, die nichts weniger als Bewegung
sind. — Dieses würde einen Beweis erfodern,
sprach Simmias. — Es ist aber vorjetzt nicht
nöthig, daß wir uns hierbey aufhalten, sprach jener;
es ist genug, daß ich durch Beyspiele erläutert, was
ich unter den Worten verstehe: die Wirksamkeit des
Ganzen könne aus Kräften der Bestandtheile, die
ihnen unähnlich sind, entspringen. Ist dieses nunmehro

mehro deutlich? — Vollkommen! — Nach unserer Voraussetzung also würden die Kräfte der Bestandtheile entweder selbst Vorstellungskräfte, und also der Kraft des Ganzen, die aus ihnen entspringen soll, ähnlich, oder von einer ganz andern Beschaffenheit, und daher unähnlich seyn. Giebt es ein Drittes? Unmöglich! — Antworte mir aber auch auf dieses, mein Lieber! Wenn aus einfachen Kräften eine von ihnen verschiedene Kraft im Zusammengesetzten entspringen soll, wo kann diese Verschiedenheit anzutreffen seyn? Außer dem denkenden Wesen sind die Kräfte des Ganzen nichts anders, als die einzelnen Kräfte der einfachen Bestandtheile, wie sie sich durch Wirkungen und Gegenwirkungen einander abändern, und einschränken. Von dieser Seite findet also die Unähnlichkeit nicht statt, und wir müssen abermals unsere Zuflucht zu dem denkenden Wesen nehmen, das die Kräfte in Verbindung und zusammengenommen sich anders vorstellet, als sie dieselben einzeln und ohne Verbindung denken würde. Ein Beyspiel hievon siehet man, außer der Harmonie, auch an den Farben. Bringet zwo verschiedene Farben in einen so kleinen Raum zusammen, daß sie das Auge nicht unterscheiden kann: so werden sie außer uns noch immer getrennet, und eine jede für sich bleiben; aber unsere Empfindung wird sich gleichwohl aus derselben eine Dritte zusammensetzen, die mit jenen nichts gemein hat. Eine ähnliche Beschaf-

K 5   fenheit

fenheit hat es mit dem Geschmack, und, wo ich nicht
irre, mit allen unsern Fühlungen und Empfindungen überhaupt. Sie können durch die Zusammensetzung und Verbindung zwar an und für sich nicht
anders werden, als sie einzeln sind; wohl aber dem
denkenden Wesen, das sie nicht deutlich auseinander
setzen kann, anders scheinen, als sie ohne Verbindung
scheinen würden. — Dieses kann zugegeben werden, sprach Simmias. — Kann also das denkende Wesen seinen Ursprung in einfachen Kräften haben, die nicht denkend sind? — Unmöglich! da wir
vorhin gesehen, daß das Vermögen zu denken in keinem Ganzen, das aus vielen bestehet, seinen Ursprung haben könne. — Ganz recht! erwiederte
Sokrates: das Zusammennehmen der einfachen
Kräfte, aus welchen eine unähnliche Kraft des Zusammengesetzten entspringen soll, setzet ein denkendes
Wesen zum voraus, dem sie in Verbindung anders
scheinen, als sie sind; daher kann aus diesem Zusammennehmen, aus dieser Verbindung unmöglich das
denkende Wesen entspringen. Wenn also das Empfinden und Denken, mit einem Worte, das Vorstellen eine Kraft des Zusammengesetzten seyn soll:
müssen die Kräfte der Bestandtheile nicht der Kraft
des Ganzen ähnlich und folglich gleichfalls Vorstellungskräfte seyn? — Wie wäre es anders möglich,
nachdem es kein Drittes geben kann? — Und die
Theile dieser Bestandtheile, so weit nur immer die
Theils

Theilbarkeit reichen kann, müſſen dieſe nicht auch dergleichen Vorſtellungsthätigkeiten haben? — Unſtreitig! da jeder Beſtandtheil wieder ein Ganzes iſt, das
aus kleinern Theilen beſtehet, und unſre Vernunft-
ſchlüſſe ſo lange fortgeſetzet werden können, bis wir
auf Grundtheile kommen, die einfach ſind und nicht
aus vielen beſtehen. — Sage mir, mein lieber
Simmias! finden wir nicht in unſrer Seele eine
faſt unendliche Menge von Begriffen, Erkenntniſſen,
Neigungen, Leidenſchaften, die uns unaufhörlich be-
ſchäftigen? — Allerdings! — Wo wären dieſe in
den Theilen anzutreffen? Entweder zerſtreuet, einige
in dieſem, andere in jenem, ohne jemals wiederholt
zu werden; oder es giebt wenigſtens ein einziges unter ihnen, das alle dieſe Erkenntniſſe, Begierden und
Abneigungen, ſo viel ihrer in unſrer Seele anzutreffen, vereiniget und in ſich faſſet. — Nothwendig
eines von beiden, gab Simmias zur Antwort, und
wie mich dünkt, dürfte der erſte Fall unmöglich ſeyn:
denn alle Vorſtellungen und Neigungen unſers Geiſtes
ſind ſo innerlich verknüpft und vereiniget, daß ſie
nothwendig auch irgend wo unzertrennt zugegen ſeyn
müſſen. — Du eilſt mir mit ſtarken Schritten
entgegen, mein lieber Simmias! Wir würden weder uns erinnern, noch überlegen, noch vergleichen,
noch denken können, ja wir würden nicht einmal die
Perſon ſeyn, die wir vor einem Augenblick geweſen,
wenn unſere Begriffe unter vielen vertheilet und nicht
irgend

irgend wo zusammen in ihrer genauesten Verbindung anzutreffen wären. Wir müssen also wenigstens eine Substanz annehmen, die alle Begriffe der Bestandtheile vereiniget, und diese Substanz wird sie aus Theilen zusammengesetzt seyn können? — Unmöglich, sonst brauchen wir wieder ein Zusammennehmen und Gegeneinanderhalten, damit aus den Theilen ein Ganzes werde, und wir kommen wiederum dahin, wo wir ausgegangen sind. — Sie wird also einfach seyn? — Nothwendig! — Auch unausgedehnt? denn das Ausgedehnte ist theilbar, und das Theilbare nicht einfach: — Richtig! — Es giebt also in unserm Körper wenigstens eine einzige Substanz, die nicht ausgedehnt, nicht zusammengesetzt, sondern einfach ist, eine Vorstellungskraft hat, und alle unsere Begriffe, Begierden und Neigungen in sich vereiniget. Was hindert uns, diese Substanz Seele zu nennen? — Es ist gleichviel, vortreflicher Freund! erwiederte Simmias, welchen Namen wir ihr geben, genug daß mein Einwurf bey ihr nicht statt findet, und alle deine Vernunftschlüsse, die du für die Unvergänglichkeit des denkenden Wesens vorgebracht, nunmehr unumstößlich sind. — Lasset uns noch dieses in Erwägung ziehen, versetzte jener: Wenn viele dergleichen Substanzen in einem menschlichen Körper zusammen wären, ja wenn wir alle Grundelemente unsers Körpers für Substanzen von dieser Natur halten wollten, würden meine Vernunftgründe für die

Unver=

Unvergänglichkeit dadurch etwas von ihrer Bindigkeit
verlieren? oder würde uns eine solche Voraussetzung
nicht vielmehr nöthigen, statt Eines unvergänglichen
Geistes viele zu gestatten, und also mehr einzuräumen, als wir zu unserm Vorhaben verlangten? Denn
eine jede von diesen Substanzen würde, wie wir vorhin gesehen, den ganzen Innbegriff aller Vorstellungen, Wünsche und Begierden, des ganzen Menschen
in sich fassen, und also, was den Umfang der Erkenntniß betrifft, würde ihre Kraft nicht eingeschränkter
seyn können, als die Kraft des Ganzen. — Unmöglich eingeschränkter. — Und wie an Deutlichkeit,
Wahrheit, Gewisheit und Leben der Erkenntniß?
Setze viele verworrene, mangelhafte und schwankende Begriffe neben einander, wird dadurch ein aufge-
klärter, vollständiger und bestimmter Begriff hervorgebracht? — Es scheinet nicht. — Wo nicht ein
Geist hinzu kömmt, der sie vergleichet, und durch
Nachdenken und Ueberlegen sich eine vollkommenere
Erkenntniß aus derselben selbst bildet: so hören sie in
Ewigkeit nicht auf, viele verworrene, mangelhafte und
schwankende Begriffe zu seyn. — Richtig! — Die
Bestandtheile der denkenden Materie würden also Vorstellungen haben müssen, die eben so deutlich, eben
so wahr, eben so vollkommen sind, als die Vorstellungen
des Ganzen; denn aus weniger deutlichen, weniger wahren u. s. w. läßt sich keine Erkenntniß durch Zusammensetzen herausbringen, die einen größern Grad von
die-

diesen Vollkommenheiten haben sollte. — Dieses ist
nicht zu leugnen. — Heißt aber dieses nicht, statt
Eines vernünftigen Geistes, den wir in jeden mensch:
lichen Körper setzen wollten, ganz ohne Noth eine
unzählige Menge derselben annehmen? — Freylich. —
Und diese Menge der denkenden Substanzen selbst wird
sich wahrscheinlicher Weise an Vollkommenheit einan:
der nicht gleich seyn; denn dergleichen unnütze Ver:
vielfältigungen finden in diesem wohl geordneten Welt:
all nicht statt. — Die allerhöchste Vollkommenheit
ihres Schöpfers, antwortete Simmias, läßt uns
dieses mit Zuverläßigkeit schließen. — Also wird ei:
ne unter den denkenden Substanzen, die wir in den
menschlichen Körper gesetzt, die vollkommenste unter
ihnen seyn, und folglich die deutlichsten und aufge:
klärtesten Begriffe haben: Nicht? — Nothwendiger
Weise! — Diese einfache Substanz, die unausge:
dehnt ist, Vorstellungsvermögen besitzt, die vollkom:
menste unter den denkenden Substanzen ist, die in
mir wohnen, und alle Begriffe, deren ich mir be:
wußt bin, in eben der Deutlichkeit, Wahrheit, Ge:
wißheit, u. s. w. in sich fasset, ist dieses nicht meine
Seele? — Nichts anders, mein theurer Sokra:
tes! — Mein lieber Simmias! nunmehr ist es
Zeit, einen Blick hinter uns auf den Weg zu werfen,
den wir zurück gelegt. Wir haben voraus gesetzt,
das Denkungsvermögen sey eine Eigenschaft des Zu:
sammengesetzten, und, wie wunderbar! aus dieser

Vor:

Voraussetzung selbst bringen wir, durch eine Reihe von
Vernunftschlüssen, den schnurstracks entgegengesetzten
Satz heraus, daß nehmlich das Empfinden und Denken nothwendig Eigenschaften des Einfachen und nicht
Zusammengesetzten seyn müßten: ist dieses nicht ein
hinlänglicher Beweis, daß jene Voraussetzung unmöglich, sich selbst widersprechend, und also zu verwerfen
sey? — Niemand kann dieses in Zweifel ziehen. —
Ausdehnung und Bewegung, fuhr Sokrates fort,
in diese Grundbegriffe läßt sich, wie wir gesehen, alles auflösen, was dem Zusammengesetzten zukommen
kann; die Ausdehnung ist der Stoff, und die Bewegung die Quelle, aus welchen die Veränderungen entspringen. Beyde zeigen sich in der Zusammensetzung
unter tausend mannigfaltigen Gestalten, und stellen
in der körperlichen Natur die unendliche Reihe wun-
dervoller Bildungen dar, vom kleinsten Sonnenstäub-
lein bis zu jener Herrlichkeit der himmlischen Sphären, die von den Dichtern für den Sitz der Götter
gehalten werden. Alle kommen darinn überein, daß
ihr Stoff Ausdehnung, und ihre Wirksamkeit Bewegung ist. Aber Wahrnehmen, Vergleichen, Schließ-
sen, Begehren, Wollen, Lust und Unlust empfinden,
erfordern eine von Ausdehnung und Bewegung ganz
verschiedene Beständheit, einen andern Grundstoff,
andere Quellen der Veränderungen. In einem einfachen Grundwesen muß hier vieles vorgestellet, das
Außereinanderseyende zusammen begriffen, das Man-

nig-

nigfaltige gegeneinander gehalten, und das Verschiedene in Vergleichung gebracht werden. Was in dem
weiten Raum der Körperwelt zerstreuet ist, dränget
sich hier, ein Ganzes auszumachen, wie in einem
Punkt zusammen, und was nicht mehr ist, wird in
dem gegenwärtigen Augenblick mit dem, was noch
werden soll, in Vergleichung gebracht. Alhier erken-
ne ich weder Ausdehnung noch Farbe, weder Ruhe
noch Bewegung, weder Raum noch Zeit, sondern ein
innerlich wirksames Wesen, das Ausdehnung und Farbe,
Ruhe und Bewegung, Raum und Zeit sich vorstellet, verbindet, trennet, vergleichet, wählet, und noch tausend anderer Beschaffenheiten fähig ist, die mit Ausdehnung
und Bewegung nicht die mindeste Gemeinschaft
haben. Lust und Unlust, Begierden und Verabscheuungen, Hoffnung und Furcht, Glückseligkeit und Elend,
sind keine Ortveränderungen kleiner Erdstäublein.
Bescheidenheit, Menschenliebe, Wohlwollen, das
Entzücken der Freundschaft und das hohe Gefühl der
Gottesfurcht sind etwas mehr, als die Wallungen
des Geblüts, und das Schlagen der Pulsadern,
von welchen sie begleitet zu werden pflegen. Dinge
von so verschiedener Art, mein lieber Simmias! von
so verschiedenen Eigenschaften können, ohne die äus-
serste Unachtsamkeit, nicht mit einander verwechselt
werden. — Ich bin völlig befriediget, war Simmias Antwort. — Noch eine kleine Anmerkung, versetzte jener, bevor ich mich zu dir wende, mein Cebes!

bes! Das erste, was wir von dem Körper und
seinen Eigenschaften wissen, ist es etwas mehr, als
die Art und Weise, wie er sich unsern Sinnen dar-
stellet? —

Etwas deutlicher, mein lieber Sokrates! —
Ausdehnung und Bewegung sind Vorstellungen des
denkenden Wesens von dem, was außer ihm wirklich ist: Nicht? — Zugegeben! — Wir mögen
die zuverläßigsten Gründe haben, versichert zu seyn,
daß die Dinge außer uns nicht anders sind, als sie
uns ohne Hinderniß erscheinen: gehet nicht aber diesem ohngeachtet allezeit die Vorstellung selbst voran,
und die Versicherung, daß ihr Gegenstand wirklich
ist, folget nachher? — Wie ist es anders möglich,
versetzte Simmias, da wir vom Daseyn der Dinge
außer uns nicht anders, als durch ihre Eindrücke be-
nachrichtiget werden können? — In der Reihe unserer Erkenntniß gehet also allezeit das denkende Wes-
sen voran, und das ausgedehnte Wesen folget; wir
erfahren zuerst, daß Begriffe, und folglich ein be-
greifendes Wesen, wirklich seyn, und von ihnen
schließen wir auf das wirkliche Daseyn des Körpers
und seine Eigenschaften. Wir können uns von dieser
Wahrheit auch dadurch überzeugen, weil der Körper,
wie wir vorhin gesehen, ohne Verrichtung des den-

L   ken-

kenden Wesens kein Ganzes ausmachen, und die Bewegung selbst, ohne Zusammenhalten des Vergangenen mit dem Gegenwärtigen, keine Bewegung seyn würde. Wir mögen die Sache also betrachten von welcher Seite wir wollen, so stößt uns allezeit die Seele mit ihren Verrichtungen zuerst auf, und sodann folget der Körper mit seinen Veränderungen. Das Begreifende gehet allezeit vor dem bloß Begreiflichen her. — Dieser Begriff scheinet fruchtbar, meine Freunde! sprach Cebes. — Wir können die ganze Kette von Wesen, fuhr Sokrates fort, vom Unendlichen an, bis auf das kleinste Stäublein in drey Glieder eintheilen. Das erste Glied begreift, kann aber von andern nicht begriffen werden: dieses ist der Einzige, dessen Vollkommenheit alle endlichen Begriffe übersteiget. Die erschaffenen Geister und Seelen machen das zweyte Glied: Diese begreifen und können von andern begriffen werden. Die Körperwelt ist das letzte Glied, die nur von andern begriffen werden, aber nicht begreifen kann. Die Gegenstände dieses letzten Gliedes sind, so wohl in der Reihe unserer Erkenntniß, als im Daseyn selbst, außer uns, allezeit die hintersten in der Ordnung, indem sie allezeit die Wirklichkeit eines begreifenden Wesens voraussetzen: wollen wir dieses einräumen? — Wir können nicht anders, sprach Simmias, nach=

dem

dem das vorige alles hat zugegeben werden müſſen. —
Und gleichwohl, fuhr Sokrates fort, nimmt die
Meynung der Menſchen mehrentheils den Rückweg
von dieſer Ordnung. Das erſte, davon wir verſichert
zu ſeyn glauben, iſt der Körper und ſeine Veränderungen; dieſe bemeiſtern ſich ſo ſehr aller unſerer
Sinne, daß wir eine Zeit lang das materielle Daſeyn für das einzige, und alles übrige für Eigenſchaften deſſelben halten. — Mich freuet es, ſprach
Simmias, daß du ſelbſt, wie du nicht undeutlich
zu verſtehen giebſt, dieſen verkehrten Weg gegangen
biſt. — Allerdings, mein Lieber! verſetzte Sokrates. Die erſten Meynungen aller Sterblichen ſind
ſich einander ähnlich. Dieſes iſt die Rhede, von welcher ſie insgeſamt ihre Fahrt antreten. Sie irren,
die Wahrheit ſuchend, auf dem Meere der Meynungen auf und nieder, bis ihnen Vernunft und Nachdenken, die Kinder Jupiters, in die Segel leuchten,
und eine glückliche Anlandung verkündigen. Vernunft und Nachdenken führen unſern Geiſt von den
ſinnlichen Eindrücken der Körperwelt zurück in ſeine
Heimat, in das Reich der denkenden Weſen, vor-
erſt zu ſeines Gleichen, zu erſchaffenen Weſen, die,
ihrer Endlichkeit halber, auch von andern gedacht
und deutlich begriffen werden können. Von dieſen
erheben ſie ihn zu jener Urquelle des Denkenden und

Gedenk-

Gedenkbaren, zu jenem alles begreifenden, aber allen unbegreiflichen Wesen, von dem wir, zu userm Troste, so viel wissen, daß alles, was in der Körper= welt und in der Geisterwelt gut, schön und vollkom= men ist, von ihm seine Wirklichkeit hat, und durch seine Allmacht erhalten wird. Mehr braucht es nicht zu unserer Beruhigung, zu unserer Glückseligkeit in diesem und in jenem Leben, als von dieser Wahrheit überzeugt, gerührt, und in dem Innersten unsers Herzens ganz durchdrungen zu seyn.

Ende des zweyten Gesprächs.

Drit=

Drittes Geſpräch.

Nach einigem Stillſchweigen wendete ſich Sokrates zum Cebes und ſprach: Mein lieber
Cebes! ſeitdem du von dem Weſen der Unſterbli-
chen richtigere Begriffe erlangt haſt, was dünkt dich
von den Fabellehrern, die öfters einen Gott auf die
Verdienſte eines Sterblichen neidiſch, und wider denſelben bloß aus Mißgunſt feindlich geſinnt ſeyn laſſen? — Du weißt es, Sokrates! was wir von
dergleichen Lehrern und ihren Erdichtungen zu halten
gelernt haben. — Haß und Neid, dieſe niederträch-
tigen Leidenſchaften, die die menſchliche Natur ſo ſehr
entehren, müſſen der göttlichen Heiligkeit ſchnurſtracks
widerſprechen. — Ich bin hievon überzeugt. —
Du glaubſt alſo nunmehr zuverläßig, und ohne die
geringſte Bedenklichkeit, daß du, wir, und alle unſere Nebenmenſchen von jenem allerheiligſten Weſen,
das uns hervorgebracht, nicht beneidet, nicht gehaßt,
nicht verfolgt, ſondern auf das zärtlichſte geliebt werden? — Richtig! — In dieſer feſten Ueberzeugung kann dir niemals die mindeſte Furcht anwan-
deln, daß der Allerhöchſte dich zur ewigen Qual berufen, und, du ſeyeſt ſchuldig oder unſchuldig, unaufhörlich würde elend ſeyn laſſen? — Niemals,
niemals! rief Apollodorus, an den die Frage doch

L 3   gar

gar nicht gerichtet gewesen, und Cebes begnügte sich einzustimmen. — Wir wollen diesen Satz, fuhr Sokrates fort, daß uns Gott nicht zum ewigen Elende bestimmt, zum Maßstabe für die Gewißheit unserer Erkenntniß annehmen, so oft von zukünftigen Dingen die Rede ist, die einzig und allein von dem Willen des Allerhöchsten abhängen. Aus der Natur und den Eigenschaften erschaffener Dinge läßt sich in diesem Falle nichts mit Gewißheit schließen: denn aus diesen folgen nur diejenigen Sätze, die an und für sich unveränderlich sind, und also von der Erkenntniß des Allerhöchsten, nicht von seinem Gutfinden, abhängen. Zu den göttlichen Vollkommenheiten müssen wir uns in dergleichen Untersuchungen wenden, und zu erforschen suchen, was mit denselben übereinstimmt, und was ihnen widerspricht. Wovon wir überzeugt sind, daß es denselben nicht gemäß sey, das können wir verwerfen, und für so unmöglich halten, als wenn es mit der Natur und dem Wesen des untersuchten Dinges selbst stritte. Eine ähnliche Frage ist die, mein Cebes! die wir auf Veranlassung deines Einwurfs nunmehr zu untersuchen haben. Du räumest es ein, mein Freund! daß die Seele ein einfaches Wesen sey, das ohne den Körper seine eigene Bestandheit hat: Nicht? — Richtig! — Du giebst ferner zu, daß sie unvergänglich sey? — Hievon bin ich überzeugt. — So weit, fuhr Sokrates fort, haben uns unsere Begriffe von

der

der Natur der Ausdehnung und der Vorſtellung geführet. Aber nunmehro entſtehen Zweifel über das
zukünftige Schickſal des menſchlichen Geiſtes, das in
ſo weit einzig und allein von dem Willen und von
dem Gutfinden des Allerhöchſten abhängt. Wird er
den Geiſt des Menſchen in einem wachenden Zuſtande, des Gegenwärtigen und des Vergangenen wohl
bewußt, in Ewigkeit fortdauren laſſen? oder hat er
denſelben beſtimmt, mit dem Hintritt ſeines Körpers
in einen dem Schlaf ähnlichen Zuſtand zu verſinken,
und niemals zu erwachen? War es dieſes nicht, was
dir noch ungewiß ſchien? — Eben dieſes, mein
Sokrates! — Daß eine gänzliche Beraubung alles
klaren Bewuſtſeyns, aller Beſinnung, wenigſtens
auf eine kurze Zeit, nicht unmöglich ſey, lehret Schlaf,
Ohnmacht, Schwindel, Entzücken, und tauſend andere Erfahrungen. Zwar iſt die Seele, in allen dieſen Fällen, noch an ihren Körper gefeſſelt, und muß
ſich nach der Beſchaffenheit des Gehirns richten, das
ihr in allen dieſen Schwachheiten nichts als unmerkliche, leicht verlöſchliche Züge darbeut. Hiervon iſt
kein Schluß auf den Zuſtand unſerer Seele, nach ihrer Scheidung von dem Körper, zu ziehen; weil alsdann die Gemeinſchaft zwiſchen dieſen verſchiedenen
Weſen aufgehoben wird, der Körper aufhört das
Werkzeug der Seele zu ſeyn, und die Seele ganz andern Geſetzen folgen muß, als die ihr hienieden vor-
geſchrieben ſind. Indeſſen iſt es genug für unſere Unge-

L 4

wißheit, daß der Mangel des klaren Bewußtseyns, wie etwa im Schlafe, der Natur eines Geistes nicht widerspricht; denn wenn dieses ist, so scheinet unsere Furcht nicht ganz ungegründet. — Aber wenn wir von diesem fürchterlichen Zweifel befreyet zu seyn wünschen, können wir etwas mehr verlangen, als die Vergewisserung, daß unsere Besorgniß den Absichten Gottes zuwider laufe, und von demselben eben so wenig, als das ewige Elend seiner Geschöpfe, hat beliebt werden können? — Freylich, war Cebes Antwort, wenn wir nicht eine Ueberzeugung verlangen, die der Natur der untersuchten Sache zuwiderläuft. Als ich dir meine Zweifel vorbrachte, mein theurer Freund! habe ich selbst einige aus den Absichten des Schöpfers entlehnte Gründe angezeigt, die dein Lehrgebäude höchst wahrscheinlich machen: ich wünsche sie aber aus deinem Munde zu empfangen, und meine Freunde wünschen es mit mir. — Ich versuche es, sprach Sokrates, ob ich euch Gnüge leisten kann. Antworte mir, mein Cebes! wenn du befürchtest, mit dem Tode auf ewig alles wachende Bewußtseyn deiner selbst zu verlieren, besorgest du etwa, daß dieses Schicksal dem gesamten menschlichen Geschlechte, oder nur einem Theil desselben bevorstehe? Werden wir alle von dem Tode hingerafft, und, in der Sprache der Dichter zu reden, von ihm in die Arme seines ältern Bruders, des ewigen Schlafes, getragen? oder sind einige von den Erd-
bewoh-

bewohnern beſtimmt, von jener himmliſchen Aurora
zur Unſterblichkeit aufgeweckt zu werden? So bald
wir einräumen, daß einem Theil des menſchlichen
Geſchlechts die wahre Unſterblichkeit beſchieden iſt: ſo
zweifelt Cebes wohl nicht einen Augenblick, daß dieſe
Seligkeit den Gerechten, den Freunden der Götter
und Menſchen, vorbehalten ſey? — Nein, mein
Sokrates! Die Götter theilen den ewigen Tod ſo
ungerecht nicht aus, als die Athenienſer den zeitlichen.
Ich bin überdem der Meynung, daß in dem weiſe=
ſten Plane der Schöpfung ähnliche Weſen auch ähn=
liche Beſtimmungen haben, und mithin dem geſam=
ten menſchlichen Geſchlechte nach dieſem Leben ein
ähnliches Schickſal bevorſtehen müſſe. Entweder ſie
erwachen alle zu einem neuen Bewußtſeyn; und als=
dann können Anitus und Melitus ſelbſt wohl nicht
zweifeln, daß der Unterdrückten Unſchuld ein beſſeres
Schickſal erwarte, als ihrer Verfolger; oder ſie endi=
gen alle mit dieſem Leben ihre Beſtimmung, und
kehren in den Zuſtand zurück, aus welchem ſie bey
der Geburt gezogen worden; ihre Rollen reichen nicht
weiter, als auf die Bühne dieſes Lebens: am Ende
treten die Schauſpieler ab, und werden wieder das,
was ſie in dem gemeinen Leben ſonſt geweſen. Ich
entſehe mich, mein theurer Freund! dieſe Gedanken
weiter zu verfolgen; denn ich merke, daß ſie mich auf
offenbare Ungereimtheiten führen. — Das thut
nichts, Cebes! antwortete jener: wir müſſen auch

L 5 für

für die sorgen, welche nicht so leicht bey einer unge=
reimten Folge schamroth werden. Aehnliche Wesen,
hast du behauptet, mein Werther! müßten in dem
weisesten Plane der Schöpfung ähnliche Bestimmun=
gen haben? — Ja! — Alle erschaffene Wesen,
die denken und wollen, sind einander ähnlich? —
Allerdings! — Wenn auch dieses richtiger, wahrer,
vollkommener denkt, mehr Gegenstände umfassen
kann, als jenes: so giebt es doch keine Grenzlinie,
die sie in verschiedene Klassen trennet, sondern sie er=
heben sich in unmerklichen Stufen übereinander, und
machen ein einziges Geschlecht aus: Nicht? — Die=
ses muß zugegeben werden. — Und wenn es über
uns noch höhere Geister giebt, die sich einander an
unmerklichen Graden der Vollkommenheit übertref=
fen, und dem unendlichen Geiste allmählig nähern,
gehören sie nicht alle, so viel ihrer erschaffen sind, zu
einem einzigen Geschlechte? — Richtig! — Wie
ihre Eigenschaften nicht wesentlich unterschieden sind,
sondern nur dem Grade nach, wie in einer stetigen
Reihe, sich allmählig erheben: so müssen auch ihre
Bestimmungen sich im Wesentlichen ähnlich, nur in
unmerklichen Graden von einander unterschieden seyn.
Denn in dem großen Plane der Schöpfung ist doch
nichts willkührlich? es harmoniren doch die Bestim=
mungen der Wesen mit ihren Vollkommenheiten auf
das genaueste? — Ohne Zweifel! — O! meine
Freunde! die Frage, die wir hier untersuchen, fängt
an,

an, in dem großen Plane der Schöpfung von unendlicher Wichtigkeit zu werden. Nicht das menschliche
Geschlecht allein, die Entscheidung gehet das gesamte Reich der denkenden Wesen an. Sind sie zur
wahren Unsterblichkeit, zur ewigen Fortdauer ihres Bewußtseyns und deutlichen Selbstgefühls bestimmt, oder hören diese Wohlthaten des Schöpfers
nach einem kurzen Genusse wieder auf, und machen
einer ewigen Vergessenheit Platz? In dem Rath-
schlusse des Allerhöchsten muß, wie wir gesehen,
die Frage in dieser Allgemeinheit entschieden worden seyn: werden wir nicht, bey unserer Untersuchung, sie auch in diesem allgemeinen Lichte zu betrachten haben? — Wie es scheinet. — Aber je allgemeiner der Gegenstand wird, fuhr Sokrates fort,
desto ungereimter wird unsere Besorgniß. Alle end-
liche Geister haben anerschaffene Fähigkeiten, die sie
durch Uebung entwickeln und vollkommener machen.
Der Mensch bearbeitet sein angebornes Vermögen zu
empfinden und zu denken mit einer erstaunenswerthen
Geschwindigkeit. Mit jeder Empfindung strömet ihm
eine Menge von Erkenntnissen zu, die der menschlichen
Zunge unaussprechlich sind; und wenn er die Empfindungen gegen einander hält, wenn er vergleichet, ur-
theilet, schließt, wählt, verwirft, so vervielfältiget
er diese Menge ins Unendliche. Zu gleicher Zeit ent-
faltet eine unaufhörliche Geschäftigkeit die ihm angebornen Fähigkeiten des Geistes, und bildet in ihm

Witz,

Witz, Verstand, Vernunft, Erfindungskraft, Em=
pfindung des Schönen und Guten, Großmuth, Men=
schenliebe, Geselligkeit, und wie die Vollkommenhei=
ten alle heißen, die noch kein Sterblicher auf Erden
hat unterlassen können zu erwerben. Laß es seyn, daß
wir manche Menschen dumm, thörigt, gefühllos,
niederträchtig und grausam schelten: vergleichungswei=
se können diese Benennungen zuweilen Grund haben;
aber noch hat kein Dummkopf gelebt, der nicht eini=
ge Merkmale des Verstandes von sich gegeben, und
noch kein Tyrann, in dessen Busen nicht noch ein Fun=
ken von Menschenliebe geglimmt hätte. Wir erwer=
ben alle dieselben Vollkommenheiten, und der Unter=
schied bestehet nur in dem mehr und weniger; wir
erwerben sie alle, sage ich, meine Freunde! denn auch
dem Gottlosesten ist es nie gelungen, seiner Bestim=
mung schnurstracks zuwider zu handeln. Er streube, er
widersetze sich mit der größten Hartnäckigkeit: so wird
sein Widerstreben selbst einen angebornen Trieb zum
Grunde haben, der ursprünglich gut, und bloß durch
unrechte Anwendung verdorben seyn wird. Diese
fehlerhafte Anwendung macht den Menschen unvoll=
kommen und elend; allein die Ausübung des ursprüng=
lich guten Triebes befördert gleichwohl, wider seinen
Dank und Willen, den Endzweck seines Daseyns.
Auf solche Weise, meine Freunde! hat noch kein Mensch
in dem wohlthätigen Umgange mit seinen Nebenmen=
schen gelebt, der nicht den Erdboden vollkommener
ver=

verlaſſen, als er ihn betreten hat. Mit der geſamten
Reihe der denkenden Weſen hat es die nehmliche Beſchaffenheit: ſo lange ſie mit Selbſtgefühl emſinden,
denken, wollen, begehren, verabſcheuen, ſo bilden
ſie die ihnen anerſchaffenen Fähigkeiten immer mehr
aus; je länger ſie geſchäftig ſind, deſto wirkſamer werden ihre Kräfte, deſto fertiger, ſchneller, unaufhalt-
ſamer werden ihre Wirkungen, deſto fähiger werden
ſie, in der Beſchauung des wahren Schönen und
Vollkommenen ihre Seligkeit zu finden. Und wie?
meine Freunde! alle dieſe erworbenen göttlichen Vollkommenheiten fahren dahin, wie leichter Schaum auf
dem Waſſer, wie ein Pfeil durch die Luft fliegt, und
laſſen keine Spuren hinter ſich, daß ſie jemals da geweſen ſind? Das kleinſte Sonnenſtäublein kann in
der Natur der Dinge, ohne wunderthätige Zernichtung, nicht verloren gehen: und dieſe Herrlichkeiten
ſollen auf ewig verſchwinden? ſollen in Abſicht auf die
Weſen, von welchen ſie beſeſſen worden, ohne Folgen,
ohne Nutzen, ſo anzuſehen ſeyn, als wenn ſie ihm niemals zugehöret hätten? Was für Begriffe von dem
Plane der Schöpfung ſetzet dieſe Meynung voraus!
In dieſem allerweiſeſten Plane iſt das Gute von un-
endlichem Nutzen, jede Vollkommenheit von unaufhörlichen Folgen; doch nur die Vollkommenheit der
einfachen, ſich ſelbſt fühlenden Weſen, denen im ei-
gentlichen Verſtande eine wirkliche Vollkommenheit zu-
geſchrieben werden kann; diejenige hingegen, welche
wir

wir in zusammengesetzten Dingen wahrnehmen, ist
vergänglich und wandelbar, wie die Dinge selbst, denen sie zukömmt. Um dieses deutlicher zu machen,
meine Freunde! müssen wir den Unterschied zwischen
dem Einfachen und dem Zusammengesetzten abermals
in Erwägung ziehen. Ohne Beziehung auf das Einfache, auf denkende Wesen, haben wir gesehen, kann
dem Zusammengesetzten weder Schönheit, Ordnung,
Uebereinstimmung, noch Vollkommenheit zugeschrieben, ja sie können, ohne diese Beziehung, nicht einmal zusammengenommen werden, um Ganze auszumachen. Auch sind sie in dem großen Entwurfe dieses Weltalls nicht um ihrer selbst willen hervorgebracht worden: denn sie sind leblos und ihres Daseyns unbewußt, auch an und für sich keiner Vollkommenheit fähig. Der Endzweck ihres Daseyns ist
vielmehr in dem lebenden und empfindenden Theile
der Schöpfung zu suchen: das Leblose dient dem Lebendigen zu Werkzeugen der Empfindungen, und gewähret ihm nicht nur sinnliches Gefühl von mannigfaltigen Dingen, sondern auch Begriffe von Schönheit, Ordnung, Ebenmaß, Mittel, Endzweck, Vollkommenheit, oder wenigstens den Stoff zu allen diesen Begriffen, die sich das denkende Wesen hernach,
vermöge seiner innern Thätigkeit, selbst bildet. Im
Zusammengesetzten finden wir nichts für sich bestehendes, nichts das fortdauere, und von einiger Beständigkeit sey, so daß man in dem zweyten Augenblick,
sagen

sagen könne, es sey noch das vorige. Indem ich euch
hier ansehe, meine Freunde! so ist nicht nur das Licht
der Sonne, das von eurem Antlitze wiederstralt, in
einem beständigen Strome; sondern eure Leiber haben
unterdessen in ihrer innern Bildung und Zusammen-
fügung unendliche Veränderungen gelitten: alle Theile
derselben haben aufgehört die vorigen zu seyn, sie sind
in stetem Wechsel und Fluße von Veränderungen, der
sie unabläßig mit sich fortreißt. Wie die glückseligen
Weisen der vorigen Zeiten schon bemerket, daß die körperlichen Dinge nicht sind, sondern entstehen und vergehen: nichts ist in denselben von Dauer und Bestandheit;
sondern alles folget einem unaufhaltsamen Strome von
Bewegungen, dadurch die zusammengesetzten Dinge ohne Unterlaß erzeugt und aufgelöset werden. Dieses hat
auch Homer darunter verstanden, wenn er den Ocean
den Vater, und die Thetis die Mutter aller Dinge
nennet: er hat damit anzeigen wollen, daß alle Dinge in der sichtbaren Welt durch den steten Wechsel entstehen, und, wie in einem fortströmenden Weltmeer,
nicht einen Augenblick an der vorigen Stelle bleiben.

Ist nun das Zusammengesetzte an sich selbst keines Fortdauerns fähig: wie viel weniger wird es ihre
Vollkommenheit seyn, die ihnen, wie wir gesehen,
niemals an und für sich selbst, sondern nur in Beziehung auf das Empfindende und Denkende in der Schöpfung zugeschrieben werden kann? Dahero sehen wir in

der

der leblosen Schöpfung das Schöne verwelken und
aufblühen, das Vollkommene verderben und in einer
andern Gestalt wieder zum Vorscheine kommen, schein-
bare Unordnung und Regelmäßigkeit, Harmonie und
Mißstimmung, Angenehmes und Widriges, Gutes
und Böses in unendlicher Mannigfaltigkeit mit einander abwechseln, so wie es Gebrauch, Nutzen, Bequemlichkeit, Lust und Glückseligkeit der lebendigen
Dinge erfordert, um deren Willen jene hervorgebracht worden.

Der lebendige Theil der Schöpfung enthält zwo
Klassen, sinnlichempfindende und denkende Naturen.
Beide haben dieses gemein, daß sie von fortdauren-
dem Wesen sind, eine innere für sich bestehende Vollkommenheit besitzen und genießen können. Wir finden
bey allen Thieren, die diesen Erdboden bedecken, daß
ihre Empfindungen, ihre Kenntnisse, ihre Begierden, ihre eingepflanzten Naturtriebe auf das wun-
derbarste mit ihren Bedürfnissen übereinstimmen, und
insgesamt auf ihre Erhaltung, Bequemlichkeit und
Fortpflanzung, auch zum Theil auf das Wohlseyn
ihrer Nachkommen abzielen. Diese Harmonie wohnet ihnen innerlich bey; denn alle diese Fühlungen
und Naturtriebe sind Beschaffenheiten des einfachen,
unkörperlichen Wesens, das sich in ihnen seiner selbst
und anderer Dinge bewußt ist: daher besitzen sie eine
wahre Vollkommenheit, die nicht erst in Beziehung
auf

auf andere außer ihnen so genennet werden darf, son=
dern ihre Beständheit und ihr Fortdaurendes für
sich hat. Sind die leblosen Dinge zum Theil ihrent=
wegen da, damit sie Unterhaltung, Lust und Bequem=
lichkeit finden sollen: so sind sie ihrer Seits auch fä=
hig, diese Wohlthaten zu genießen, Lust und Unlust,
Angenehmes und Widriges, Verlangen und Abscheu,
Wohlseyn und Unglückseligkeit zu fühlen, und dadurch
innerlich vollkommen oder unvollkommen zu werden.
Sind die leblosen Dinge die Mittel gewesen, derer
sich der allerweiseste Schöpfer bedienet: so gehören die
Thiere schon mit zu seinen Absichten: denn um ihrent=
willen ist ein Theil des Leblosen hervorgebracht wor=
den, und sie besitzen das Vermögen zu genießen, und
dadurch in ihrer innern Natur übereinstimmend und
vollkommen zu werden. Hingegen bemerken wir bey
ihnen, so wie wir sie auf dem Erdboden vor uns se=
hen, keinen beständigen Fortgang zu einer höhern
Stufe der Vollkommenheit. Sie erhalten ohne Un=
terweisung, ohne Ueberlegung, ohne Uebung, ohne
Vorsatz und Wissensbegierde, gleichsam unmittelbar
aus der Hand des Allmächtigen, diejenigen Gaben,
Fertigkeit und Triebe, die zu ihrer Erhaltung und
Fortpflanzung nöthig sind. Ein mehreres erwerben
sie nicht, und wenn sie Jahrhunderte leben, oder
sich unendlich vermehren und fortpflanzen. Sie kön=
nen auch das Erhaltene weder verbessern noch ver=
schlimmern, auch keinen andern mittheilen; sondern

M   üben

üben es auf die ihnen eingepflanzte Weise aus, so
lange es ihren Umständen zuträglich ist, und hernach
scheinen sie es wohl selber wieder zu vergessen. Durch
menschlichen Unterricht können zwar einige Hausthiere
etwas weniges erlernen, und zum Kriege, oder zu gerin=
gen häuslichen Verrichtungen gewöhnet und gezogen
werden: sie zeigen aber durch die Art und Weise, wie sie
diesen Unterricht annehmen, zur Gnüge, daß ihr Le=
ben hienieden nicht bestimmt sey, ein beständiger
Fortgang zur Vollkommenheit zu seyn; sondern daß
ein gewisser Grad der Fähigkeit, den sie erreichen,
auch ihr letztes Ziel sey, und daß sie von selbst nie
weiter streben, nie höhere Dinge zu beginnen von
innen angetrieben werden. Nun ist zwar dieses Still=
stehen, diese dumme Zufriedenheit mit dem Erreich=
ten, ohne sich erheben und empor schwingen zu wol=
len, ein Zeichen, daß sie in dem großen Entwurfe
der Schöpfung nicht das letzte Ziel gewesen, sondern
als niedrigere Absichten zugleich Mittel abgeben,
und Dingen von würdigern und erhabenern Bestim=
mungen in Erfüllung der Endabsichten Gottes be=
hülflich seyn sollten. Allein die Quelle des Lebens
und der Empfindungen in ihnen ist ein einfaches
für sich bestehendes Wesen, das unter allen Abände=
rungen, die es in dem Laufe der Dinge leidet, etwas
Beständiges und Fortdaurendes hat; daher die Eigen=
schaften, die es einmal durch Erlernen, oder als ein
unmittelbares Geschenk von der Hand des Allgütigen

erhal=

erhalten, ihm eigenthümlich zukommen, durch natürliche Wege nie wieder gänzlich verschwinden, sondern von unaufhörlichen Folgen seyn müssen. Da
diese empfindende Seele natürlicher Weise nie aufhört
zu seyn, so hört sie auch nie auf, die Absichten Gottes in der Natur zu befördern, und sie wird mit jeder Dauer ihres Daseyns immer tüchtiger und tüchtiger, ihres Urhebers großen Endzweck in Erfüllung
bringen zu helfen. Dieses ist der unendlichen Weisheit gemäß, mit welcher der Plan dieses Weltalls in
dem Rathe der Götter ist entworfen worden. Alles
ist in unaufhörlicher Arbeit und Bemühung, gewisse
Absichten in diesem Plane zu erfüllen; einer jeden
wahren Substanz ist eine unabsehbare Folge und
Reihe von Verrichtungen vorgeschrieben, die sie nach
und nach bewirken muß, und die wirkende Substanz
wird allezeit durch die letzte Verrichtung tüchtiger, die
nächstfolgende auszuführen. Nach diesen Grundsätzen ist das geistige Wesen, das die Thiere belebt,
von unendlicher Dauer, und fähret auch in Ewigkeit
fort, die Absichten Gottes in der Reihe und Stufen-
folge zu erfüllen, die ihm in dem allgemeinen Plane
angewiesen worden.

Ob diese thierischen bloß sinnlich empfindenden
Naturen mit der Zeit ihre niedrige Stufe verlassen,
und von einem Winke des Allmächtigen gelockt, sich
in die Sphäre der Geister emporschwingen werden,

läßt

läßt sich mit keiner Gewißheit ausmachen, wiewohl ich sehr geneigt bin, es zu glauben.

Die vernünftigen Naturen und Geister nehmen in dem großen Weltall, so wie insbesondere der Mensch auf diesem Erdboden, die vornehmste Stelle ein. Diesem Unterherrn der Schöpfung schmückt sich die Natur in ihrer jungfräulichen Schönheit. Ihm dienet das Leblose, nicht nur zum Nutzen und zur Bequemlichkeit, nicht nur zur Nahrung, Kleidung, Wohnung, und zum sichern Aufenthalt, sondern vornehmlich zur Ergetzung und zum Unterrichte; und die erhabensten Sphären, die entferntesten Gestirne, die kaum mit dem Auge entdeckt werden können, müssen ihm in dieser Absicht nützlich seyn. Wollt ihr seine Bestimmung hienieden wissen: so sehet nur was er hienieden verrichtet. Er bringet auf diesen Schauplatz weder Fertigkeit, noch Naturtrieb, noch angebornes Geschick, weder Wehr noch Schutz mit, und erscheinet bey seinem ersten Auftritte dürftiger und hülfloser, als das unvernünftige Thier. Aber die Bestrebung und die Fähigkeit sich vollkommener zu machen, diese erhabensten Geschenke, deren eine erschaffene Natur fähig ist, ersetzen vielfältig den Abgang jener viehischen Triebe und Fertigkeiten, die keine Verbesserung, keinen höhern Grad der Vollkommenheit je annehmen können. Kaum genießt er das Licht der Sonnen, so arbeitet schon die gesamte Natur,

tur, ihn vollkommener zu machen: dieses schärfet seine Sinne, Einbildungskraft, und Erinnerungsvermögen; jenes übet seine edlern Erkenntnißkräfte, bearbeitet seinen Verstand, seine Vernunft, seinen Witz, seine Scharfsinnigkeit; das Schöne in der Natur bildet seinen Geschmack und verfeinet seine Empfindung; das Erhabene erregt seine Bewunderung, und erhebt seine Begriffe gleichsam über die Sphäre dieser Vergänglichkeit hinweg. Ordnung, Uebereinstimmung, und Ebenmaß dienen ihm nicht nur zum vernünftigen Ergetzen, sondern beschäftigen seine Gemüthskräfte alle in gehöriger und ihrer Vollkommenheit zuträglicher Harmonie. Bald tritt er mit seines gleichen in Gesellschaft, um sich wechselsweise die Mittel zur Glückseligkeit zu erleichtern: und siehe! es zeigen und bilden sich an ihm in dieser Gesellschaft höhere Vollkommenheiten, die bisher wie in einer Knospe eingewickelt gewesen. Er erlanget Pflichten, Rechte, Befugnisse, und Obliegenheiten, die ihn in die Klasse moralischer Naturen erheben; es entstehen Begriffe von Gerechtigkeit, Billigkeit, Anständigkeit, Ehre, Ansehen, Nachruhm. Der eingeschränkte Trieb der Familienliebe wird in Liebe zum Vaterlande, zum ganzen menschlichen Geschlecht erweitert, und aus dem angebornen Keime des Mitleidens entsprossen Wohlwollen, Mildthätigkeit, und Großmuth.

Nach und nach bringet der Umgang, die Geselligkeit, das Gespräch, die Aufmunterung alle sittli-

chen

chen Tugenden zur Reife, sie entzünden das Herz zur
Freundschaft, die Brust zur Tapferkeit, und den
Geist zur Wahrheitsliebe; breiten einen Wetteifer
von Dienst und Gegendienst, Liebe und Gegenliebe,
eine Abwechselung von Ernst und Scherz, Tiefsinn
und Munterkeit, über das menschliche Leben aus, die
alle einsamen und ungeselligen Wollüste an Süßigkeit
übertreffen. Daher auch der Besitz aller Güter dieser Erde, der Genuß der feurigsten Wollüste uns
nicht behagt, wenn wir sie in der Einsamkeit besitzen
und genießen sollen; und die erhabensten und präch-
tigsten Gegenstände der Natur ergetzen das gesellige
Thier, den Menschen, nicht so sehr, als ein Anblick
von seinem Mitmenschen.

Erlanget nun dieses vernünftige Geschöpf erst
wahre Begriffe von Gott und seinen Eigenschaften,
o! welch ein kühner Schritt zu einer höhern Vollkommenheit! Aus der Gemeinschaft mit dem Nebengeschöpfe tritt er in eine Gemeinschaft mit dem Schöpfer, erkennet das Verhältniß, in welchem er, das
ganze menschliche Geschlecht, alles Lebendige und alles
Leblose, mit diesem Urheber und Erhalter des Ganzen
stehen; die große Ordnung von Ursachen und Wirkungen in der Natur wird ihm nunmehr auch zu einer
Ordnung von Mitteln und Absichten; was er bisher
auf Erden genossen, ward ihm wie aus den Wolken
zugeworfen: nunmehr zertheilen sich diese Wolken,

und

und er ſiehet den freundlichen Geber, der ihm alle
dieſe Wohlthaten hat zufließen laſſen. Was er an
Leib und an Gemüthe für Eigenſchaften, Gaben und
Geſchicklichkeiten beſitzet, erkennet er als Geſchenke
dieſes gütigen Vaters; alle Schönheit, alle Harmonie,
alles Gute, alle Weisheit, Vorſicht, Mittel und
Endzwecke, die er bisher in der ſichtbaren und un-
ſichtbaren Welt erkannt, betrachtet er als Gedanken
des Allerweiſeſten, die er ihm in dem Buche der
Schöpfung zu leſen gegeben, um ihn zur höhern
Vollkommenheit zu erziehen. Dieſem liebreichen Vater und Erzieher, dieſem gnädigen Regenten der Welt
heiliget er zugleich alle Tugenden ſeines Herzens, und
ſie gewinnen in ſeinen Augen einen göttlichen Glanz,
da er weiß, daß er durch ſie, und durch ſie allein
dem Allgütigen wohlgefallen kann. Die Tugend allein führet zur Glückſeligkeit, und wir können dem
Schöpfer nicht anders wohlgefallen, als wenn wir
nach unſerer wahren Glückſeligkeit ſtreben. Welch
eine Höhe hat der Menſch in dieſer Verfaſſung auf
Erden erreichet! Betrachtet ihn, meine Freunde!
den wohlgeſinnten Bürger im Staate Gottes, wie
alle ſeine Gedanken, Wünſche, Neigungen und Leidenſchaften unter ſich harmoniren, wie ſie alle zum
wahren Wohlſeyn des Geſchöpfes, und zur Verherr-
lichung des Schöpfers abzielen! O! wenn die Welt
nur ein einziges Geſchöpf von dieſer Vollkommenheit
aufzuweiſen hätte, wollten wir anſtehen, in dieſem

M 4 Nach-

Nachahmer der Gottheit, in diesem Gegenstande, des
göttlichen Wohlgefallens, den letzten Endzweck der
Schöpfung zu suchen?

Zwar treffen alle Züge dieses Gemäldes nicht den
Menschen überhaupt, sondern nur wenige Edle, die
eine Zierde des menschlichen Geschlechts sind; allein
dieses mag allenfalls die Grenzlinie seyn zwischen
Menschen und höhern Geistern. Genug, daß sie alle
zu derselben Klasse gehören, und ihr Unterschied nur
in dem Mehr und Weniger bestehet. Vom unwis-
sendsten Menschen bis zum vollkommensten unter den
erschaffenen Geistern haben alle, die der Weisheit
Gottes so anständige, und ihren eignen Kräften und
Fähigkeiten so angemessene Bestimmung, sich und andere vollkommener zu machen. Dieser Pfad ist ihnen
vorgezeichnet, und der verkehrteste Wille kann Niemanden ganz davon abführen. Alles, was lebt, und
denkt, kann nicht unterlassen, seine Erkenntniß und
seine Begehrungskräfte zu üben, auszubilden, in Fertigkeiten zu verwandeln, mithin mehr oder weniger,
mit stärkern oder schwächern Schritten sich der Vollkommenheit zu nähern. Und dieses Ziel, wann wird
es erreicht? Wie es scheinet niemals so völlig, daß
der Weg zu einem fernern Fortgange versperrt seyn
sollte: denn erschaffene Naturen können niemals eine
Vollkommenheit erreichen, über welche sich nichts gedenken ließe. Je höher sie klimmen, desto mehr un-
gese

geſehene Fernen entwölken ſich ihren Augen, die ihre
Schritte anſpornen. Das Ziel dieſes Beſtrebens beſtehet, wie das Weſen der Zeit, in der Fortſchreitung.
Durch die Nachahmung Gottes kann man ſich allmählig ſeinen Vollkommenheiten nähren, und in dieſer Näherung beſtehet die Glückſeligkeit der Geiſter;
aber der Weg zu denſelben iſt unendlich, kann in
Ewigkeit nicht ganz zurück geleget werden. Daher
kennet das Fortſtreben in dem menſchlichen Leben keine Grenzen. Eine jede menſchliche Begierde zielet,
an und für ſich ſelbſt in die Unendlichkeit hinaus.
Unſere Wiſſensbegierde iſt unerſättlich, unſer Ehrgeiz
unerſättlich, ja der niedrige Geldgeiz ſelbſt quälet und
beunruhiget, ohne jemals eine völlige Befriedigung
zu geſtatten. Die Empfindung der Schönheit ſuchet
das Unendliche; das Erhabene reizet uns bloß durch
das Unergründliche, das ihm anhänget: die Wolluſt
ekelt uns, ſo bald ſie die Grenzen der Sättigung berühret. Wo wir Schranken ſehen, die nicht zu
überſteigen ſind, da fühlet ſich unſere Einbildungskraft wie in Feſſel geſchmiedet, und die Himmel ſelbſt
ſcheinen unſer Daſeyn in gar zu enge Räume einzu-
ſchließen: daher wir unſrer Einbildungskraft ſo gern
den freyen Lauf laſſen, und die Grenzen des Raumes
ins Unendliche hinaus ſetzen. Dieſes endloſe Beſtre-
ben, das ſein Ziel immer weiter hinausſtreckt, iſt dem
Weſen, den Eigenſchaften, und der Beſtimmung der
Geiſter angemeſſen, und die wundervollen Werke des

M 5 Unend-

Unendlichen enthalten Stoff und Nahrung genug, dieses Bestreben in Ewigkeit zu unterhalten: je mehr wir in ihre Geheimnisse eindringen, desto weitere Aussichten thun sich unsern gierigen Blicken auf; je mehr wir ergründen, desto mehr finden wir zu erforschen; je mehr wir genießen, desto unerschöpflicher ist die Quelle.

Wir können also, fuhr Sokrates fort, mit gutem Grunde annehmen, dieses Fortstreben zur Vollkommenheit, dieses Zunehmen, dieser Wachsthum an innerer Vortreflichkeit sey die Bestimmung vernünftiger Wesen, mithin auch der höchste Endzweck der Schöpfung. Wir können sagen, dieses unermeßliche Weltgebäude sey hervorgebracht worden, damit es vernünftige Wesen gebe, die von Stufe zu Stufe fortschreiten, an Vollkommenheit allmählig zunehmen, und in dieser Zunahme ihre Glückseligkeit finden mögen. Daß diese nun sämtlich mitten auf dem Wege stille stehen, nicht nur stille stehen, sondern auf einmal in den Abgrund zurück gestoßen werden, und alle Früchte ihres Bemühens verlieren sollten, dieses kann das allerhöchste Wesen unmöglich beliebet, und in den Plan des Weltalls gebracht haben, der ihm vor allen wohlgefallen hat. Als einfache Wesen sind sie unvergänglich; als für sich bestehende Naturen sind auch ihre Vollkommenheiten fortdaurend und von unendlichen Folgen; als vernünftige Wesen streben sie

nach

nach einem unaufhörlichen Wachsthum und Fortgang
in der Vollkommenheit: die Natur bietet ihnen zu
diesem endlosen Fortgange hinlänglichen Stoff dar;
und als letzter Endzweck der Schöpfung können sie
keiner andern Absicht nachgesetzt, und deswegen im
Fortgange oder Besitze ihrer Vollkommenheiten vorsetz-
lich gestört werden. Ists der Weisheit anständig, eine Welt deswegen hervorzubringen, damit die Geister, die sie hineinsetzt, ihre Wunder betrachten, und
glückselig seyn mögen, und einen Augenblick darauf
diesen Geistern selbst die Fähigkeit zur Betrachtung
und Glückseligkeit auf ewig zu entziehen? Ists der
Weisheit anständig, ein Schattenwerk der Glückseligkeit, das immer kömmt und immer vergehet, zum
letzten Ziel ihrer Wunderthaten zu machen? O nein,
meine Freunde! nicht umsonst hat uns die Vorsehung
ein Verlangen nach ewiger Glückseligkeit eingegeben:
es kann und wird befriediget werden. Das Ziel der
Schöpfung dauert so lange, als die Schöpfung; die
Bewunderer göttlicher Vollkommenheiten so lange,
als das Werk, in welchem diese Vollkommenheiten
sichtbar sind. So wie wir hienieden dem Regenten
der Welt dienen, indem wir unsere Fähigkeiten entwickeln: so werden wir auch in jenem Leben unter
seiner göttlichen Obhut fortfahren, uns in Tugend
und Weisheit zu üben, uns unaufhörlich vollkommener und tüchtiger zu machen, die Reihe der göttlichen
Absichten zu erfüllen, die sich von uns hin in das

Unend-

Unendliche erstreckt. Irgendwo auf diesem Wege
stille stehen, streitet offenbar mit der göttlichen Weisheit, Gütigkeit oder Allmacht, hat, so wenig als
das allerhöchste Elend unschuldiger Geschöpfe, von
dem vollkommensten Wesen bey dem Entwurfe des
Weltplans beliebet werden können.

Wie beklagenswerth ist das Schicksal eines Sterblichen, der sich durch unglückliche Sophistereyen um
die tröstliche Erwartung einer Zukunft gebracht hat!
Er muß über seinen Zustand nicht nachdenken, und
wie in einer Betäubung dahin leben, oder verzweifeln. Was ist der menschlichen Seele schrecklicher,
als die Zernichtung? und was elender, als ein Mensch,
der sie mit starken Schritten auf sich zukommen siehet,
und in der trostlosen Furcht, mit der er sie erwartet,
sie schon vorher zu empfinden glaubet? Im Glücke
schleicht sich der entsetzliche Gedanke vom Nichtseyn
zwischen die wollüstigsten Vorstellungen, wie eine
Schlange zwischen Blumen, und vergiftet den Genuß
des Lebens; und im Unglücke schlägt er den Menschen
ganz hoffnungslos zu Boden, indem er ihm den einzigen Trost verkümmert, der das Elend versüßen kann,
die Hoffnung einer bessern Zukunft. Ja der Begriff
einer bevorstehenden Zernichtung streitet so sehr wider die
Natur der menschlichen Seele, daß wir ihn mit seinen
nächsten Folgen nicht zusammen reimen können, und
wohin wir uns wenden, auf tausend Ungereimtheiten

und

und Widerſprüche ſtoßen. Was iſt dieſes Leben mit
allen ſeinen Mühſeligkeiten, beſonders wenn die an;
genehmen Augenblicke deſſelben von der Angſt für ei;
ne unvermeidliche Zernichtung vergällt werden? Was
iſt eine Dauer von geſtern und heute, die morgen
nicht mehr ſeyn wird? Eine höchſt verächtliche Klei;
nigkeit, die uns die Mühe, Arbeit, Sorgen und
Beſchwerlichkeiten, mit welchen ſie erhalten wird, ſehr
ſchlecht belohnet. Und gleichwohl iſt dem, der nichts
Beſſeres zu hoffen hat, dieſe Kleinigkeit alles. Sei;
ner Lehre zu Folge, müßte ihm das gegenwärtige Da;
ſeyn das höchſte Gut ſeyn, dem nichts in der Welt
die Wage halten kann; müßte das ſchmerzlichſte, das
gequälteſte Leben dem Tode, als der völligen Zernich;
tung ſeines Weſens, unendlich vorzuziehen ſeyn; ſei;
ne Liebe zum Leben müßte ſchlechterdings von nichts
überwunden werden können. Welcher Bewegungs;
grund, welche Betrachtung würde mächtig genug
ſeyn, ihn in die geringſte Lebensgefahr zu führen?
Ehre und Nachruhm? dieſe Schatten verſchwin;
den, wenn von wirklichen Gütern die Rede iſt, die
mit ihnen in Vergleichung kommen ſollen. Es be;
trifft das Wohl ſeiner Kinder, ſeiner Freun;
de, ſeines Vaterlandes? — und wenn es das
Wohl des ganzen menſchlichen Geſchlechts wäre; ihm
iſt der armſeligſte Genuß weniger Augenblicke alles,
was er ſich zu getröſten hat, und daher von unendli;
cher Wichtigkeit: wie kann er ſie in die Schanze ſchla;
gen?

gen? Was er wagt, ist mit dem, was er zu erhalten
hoffet, gar nicht in Vergleichung zu bringen; denn
das Leben ist, nach den Gedanken dieser Sophisten,
in Vergleichung mit allen andern Gütern, unendlich
groß.

Hat es aber keine Heldengeister gegeben, die, ohne von ihrer Unsterblichkeit überführt zu seyn, für die
Rechte der Menschlichkeit, Freyheit, Tugend, und
Wahrheit ihr Leben hingegeben? O ja! und auch solche, die es um weit minder löblicher Ursachen willen
auf das Spiel gesetzt. Aber gewiß hat sie das Herz,
und nicht der Verstand dahin gebracht. Sie haben
es aus Leidenschaften, und nicht aus Grundsätzen gethan. Wer ein künftiges Leben hoffet und das Ziel
seines Daseyns in der Fortschreitung zur Vollkommenheit setzet, der kann zu sich selber sagen: Siehe! du
bist hieher gesendet worden, durch Beförderung des
Guten dich selbst vollkommener zu machen: du darfst
also das Gute, wenn es nicht anders erhalten werden
kann, selbst auf Unkosten deines Lebens befördern.
Drohet die Tyranney deinem Vaterlande den Untergang, ist die Gerechtigkeit in Gefahr unterdrückt, die
Tugend gekränkt, und Religion und Wahrheit verfolgt
zu werden: — so mache von deinem Leben den Gebrauch, zu welchem es dir verliehen worden, stirb,
um dem menschlichen Geschlechte diese theuren Mittel
zur Glückseligkeit zu erhalten! Das Verdienst, mit

so

so vieler Selbstverleugnung das Gute befördert zu
haben, giebt deinem Wesen einen unaussprechlichen
Werth, der zugleich von unendlicher Dauer seyn wird.
So bald mir der Tod das gewähret, was das Leben
nicht gewähren kann, so ist es meine Pflicht, mein Beruf,
meiner Bestimmung gemäß zu sterben. Nur alsdann
läßt sich der Werth dieses Lebens angeben, und mit
andern Gütern in Vergleichung bringen, wann wir
es als ein Mittel zur Glückseligkeit betrachten. So
bald wir aber mit dem Leben auch unser Daseyn verlieren, so hört es auf ein bloßes Mittel zu seyn, es
wird der Endzweck, das letzte Ziel unserer Wünsche,
das höchste Gut, wornach wir streben können, das
um sein selbst willen gesucht, geliebt und verlangt wird,
und kein Gut in der Welt kann mit ihm in Vergleichung kommen, viel weniger ihm vorgezogen werden,
denn es übertrifft alle andern Betrachtungen an Wichtigkeit. Ich kann daher unmöglich glauben, daß ein
Mensch, dem mit diesem Leben alles aus ist, sich,
nach seinen Grundsätzen, dem Wohl des Vaterlandes,
oder des ganzen menschlichen Geschlechts aufopfern
könne. Ich bin vielmehr der Meynung, daß, so oft
die Erhaltung des Vaterlandes z. B. unumgänglich erfodert, daß ein Bürger das Leben verliere, oder auch
nur in Gefahr komme es zu verlieren, nach dieser
Voraussetzung, ein Krieg zwischen dem Vaterland
und diesem Bürger entstehen muß, und was das selt-
samste ist, ein Krieg, der auf beiden Seiten gerecht
ist.

ift. Denn hat das Vaterland nicht ein Recht, von
jedem Bürger zu verlangen, daß er sich dem Wohl
des Ganzen aufopfere? Wer wird dieses leugnen? Allein dieser Bürger hat das gerade entgegengesetzte Recht,
so bald das Leben sein höchstes Gut ist. Er kann, er
darf, ja er ist diesen Grundsätzen nach verbunden es
zu thun, den Untergang seines Vaterlandes zu suchen,
um sein allertheuerstes Leben einige Tage zu verlän-
gern. Jedem moralischen Wesen kömmt, nach dieser
Voraussetzung, ein entschiedenes Recht zu, den Untergang der ganzen Welt zu verursachen, wenn es sein
Leben, das heißt sein Daseyn, nur fristen kann. Eben-
dasselbe Recht haben alle seine Nebenwesen. Welch
ein allgemeiner Aufstand! welche Zerrüttung, welche
Verwirrung in der sittlichen Welt! Ein Krieg, der
auf beiden Seiten gerecht ist, ein allgemeiner Krieg
aller moralischen Wesen, wo jedes in Wahrheit das
Recht auf seiner Seite hat; ein Streit, der an und
für sich selbst, auch von dem allergerechtesten Richter
der Welt, nicht nach Recht und Billigkeit entschieden
werden kann: was kann ungereimter seyn?

Wenn alle Meynungen, worüber die Menschen jemals gestritten und in Zweifel gewesen, vor
den Thron der Wahrheit gebracht werden sollten: was dünkt euch, meine Freunde! würde diese
Gottheit nicht alsofort entscheiden, und unwie-
derruflich festsetzen können, welcher Satz wahr,

und

und welcher irrig sey? Ganz unstreitig! denn in dem
Reiche der Wahrheit giebt es keinen Zweifel, keinen
Schein, kein Dünken und Meynen; sondern alles ist
entschieden wahr, oder entschieden irrig und falsch.
Jedermann wird mir auch dieses einräumen, daß eine
Lehre, die nicht bestehen kann, wenn wir nicht in dem
Reiche der Wahrheiten selbst Widersprüche, unauflös-
liche Zweifel oder nicht zu entscheidende Ungewißheiten
annehmen, nothwendig falsch seyn müsse: denn in
diesem Reiche herrschet die allervollkommenste Harmonie,
die durch nichts unterbrochen oder gestört werden kann.
Nun aber hat es mit der Gerechtigkeit die nehmliche
Beschaffenheit: vor ihrem Throne werden alle Zwiste
und Streitigkeiten über Recht und Unrecht durch
ewige und unveränderliche Regeln entschieden. Da
ist kein Rechtsfall streitig und ungewiß, da sind keine
Gerechtsame zweifelhaft, da finden sich niemals zwey
moralische Wesen, die auf eine und eben dieselbe Sache ein gleiches Recht hätten. Alle diese Schwachheiten sind ein Erbtheil des kurzsichtigen Menschen, der
die Gründe und Gegengründe nicht gehörig einsiehet,
oder nicht gegeneinander abwiegen kann; in dem Verstande des allerhöchsten Geistes stehen alle Pflichten
und Rechte moralischer Wesen, so wie alle Wahrheiten, in der vollkommensten Harmonie. Aller Streit der
Obliegenheiten, alle Kollision der Pflichten, die ein ein-
geschränktes Wesen in Zweifel und Ungewißheit setzen
können, finden hier ihre unwiederrufliche Entscheidung,

N   und

und ein gleiches Recht und Gegenrecht ist in den Augen Gottes nicht weniger ungereimt, als ein Satz und Gegensatz, Seyn und Nichtseyn, welche beide in eben der Zeit dem Gegenstande zukommen sollen. Was sollen wir also zu einer Meynung sagen, die uns durch die bindigsten Folgerungen auf so übel zusammenhängende und unstatthafte Begriffe führet? Kann sie vor dem Throne der Wahrheit genehmiget werden?

Mein Freund Kriton war vor einigen Tagen nicht geneigt mir einzuräumen, daß ich es der Republik und den Gesetzen schuldig sey, mich der Strafe zu unterwerfen, die mir auferlegt worden. Wenn mir seine Denkungsart nicht ganz unbekannt ist, so schien er nur deswegen Bedenken zu tragen, weil er das Urtheil, welches über mich ausgesprochen worden, für ungerecht hielt. Wenn er wüßte, daß ich mich wirklich der Verbrechen schuldig gemacht, die wider mich eingeklaget worden sind; so würde er nicht zweifeln, daß die Republik berechtiget sey, mich am Leben zu strafen, und daß mir obliege, diese Strafe zu leiden. Dem Rechte zu thun entspricht allezeit eine Verbindlichkeit zu leiden. Hat die Republik, wie jede andere sittliche Person, ein Recht, denjenigen zu strafen, der sie beleidiget *), und wenn es leichtere Stra-

*) Das Recht der Ahndung, oder eine Beleidigung durch

Strafen nicht thun, ihn ſo gar am Leben zu ſtrafen:
ſo muß der Beleidiger auch nach der Strenge der
Gerechtigkeit verbunden ſeyn, dieſe Strafe zu dulden.
Ohne dieſe leidende Verbindlichkeit wäre jenes Recht
. . . ein

durch Zufügung phyſikaliſcher Uebel zu vergelten,
findet auch im Stande der Natur ſtatt, und gründet ſich nicht, wie einige Weltweiſen behaupten,
auf den geſellſchaftlichen Vertrag, iſt auch von
dem eingeführten Eigenthumsrechte unabhängig.
Der Menſch iſt auch im Stande der Natur verbunden, für ſeine Erhaltung, Geſundheit und
Vollkommenheit zu ſorgen, und hat ein Recht, ſich
der erlaubten Mittel hierzu zu bedienen. Mithin
darf er auch andere abhalten, daß ſie ihm in un-
ſchuldiger Ausübung dieſes Rechts nicht hinderlich
ſeyen. Er hat alſo ein vollkommenes Recht, von
jedem andern zu fordern, daß er ihn nicht belei-
digen, und endlich zu Abhaltung fernerer Beleidigung, ſich der Ahndung oder Strafe zu bedienen.
Die Grade der Strafen richten ſich nach Maßgebung der Beleidigung, und vornehmlich nach der
Wahrſcheinlichkeit, daß ſie hinreichen werden, für
künftiges Unrecht zu beſchützen. Daher auch To-
desſtrafen Rechtens ſind, wenn geringere Strafen
nicht hinreichen wollen. Wer mir, im Stande der
ungeſelligen Natur, meine Hütte niederreißt, mein

Waſſer

ein leerer Ton, Worte ohne Sinn und Bedeutung.
So wenig es in der physischen Welt ein Wirken ohne
ein Leiden giebt: eben so wenig kann in der sittlichen
Welt ein Recht auf eine Person ohne eine Verbindlichkeit von Seiten dieser Person gedacht werden *).

Ich)

Wasser trübe macht, oder mir gar einen Stein
nachwirft, um mich zu beschädigen, den kann ich
mit Recht strafen, obgleich kein Eigenthumsrecht
noch eingeführet, kein gesellschaftlicher Vertrag
zwischen uns geschlossen ist. Es wird auch niemand in Abrede seyn, daß jeder Staat das Recht
habe, einen Auswärtigen, der ihn beleidiget, zu
bestrafen, ob derselbe gleich in keinem gesellschaftlichen Vertrage mit diesem Staate stehet. Ja
die Staaten unter sich räumen sich einander ein
Recht zu strafen ein, ob sie gleich sehr ofte noch
im Stande der Natur unter sich leben.

*) Das Gesetz des Stärkern kann in dem Reiche der
Wahrheit keinen Rechtsfall entscheiden. Macht
und Recht sind Begriffe von so verschiedener Natur, daß die Macht so wenig ein Recht, als das
Recht eine Macht erzeugen kann. Ein Recht an
der einen, ohne Obliegenheit an der andern Seite,
müßte durch die Macht entschieden werden, und
dieses ist ungereimt. Wenn Eltern das vollkommene

Ich zweifle nicht, meine Freunde! daß **Kriton** und
ihr alle hierinn mit mir einſtimmet. Aber ſo könnten wir nicht denken, wenn das Leben uns alles wäre.
Dieſer irrigen Meynung zu Folge, käme dem abſcheu-
lichſten Verbrecher nicht die Obliegenheit zu, die wohl-
verdiente Strafe zu leiden; ſondern wenn er bey der
Republik ſein Leben verwirkt hat, ſo iſt er befugt, das
Vaterland, das ſeinen Untergang will, zu Grunde
zu richten. Das Geſchehene iſt nicht mehr zu ändern, das Leben iſt ſein höchſtes Gut: wie kann er
ihm das Wohl der Republik vorziehen? wie kann
ihm die Natur eine Pflicht vorſchreiben, die nicht
auf ſein höchſtes Gut abzielet? wie kann er verbunden ſeyn, etwas zu thun, oder zu leiden, das mit
ſeiner ganzen Glückſeligkeit ſtreitet *)? Es wird alſo
ihm

mene Rechthaben, von ihren Kindern Gehorſam zu
fordern; ſo müſſen dieſe an ihrer Seite verbunden
ſeyn, Gehorſam zu leiſten. Sind die Kinder berechtiget, ſo lange ſie ſich nicht ſelbſt pflegen können, ihre Verpflegung von den Eltern zu fordern;
ſo muß den Eltern obliegen, dafür zu ſorgen. Dem
unvollkommenen Rechte entſpricht von der andern
Seite eine unvollkommene Verbindlichkeit. Wer
in den Anfangsgründen des Naturrechts kein Fremd-
ling iſt, kann an dieſen Sätzen unmöglich zweifeln.

*) Alle Pflichten, die die Natur dem Menſchen vor-

N 3　　　　　　　　ſchreibt,

ihm nicht unerlaubt seyn, ja sogar obliegen, den Staat durch Feuer und Schwerdt zu verwirren, wenn er sein Leben dadurch retten kann. Wodurch aber hätte der Bösewicht diese Befugniß erlangt? Bevor er das zu bestrafende Verbrechen begangen, war er, als Mensch, verbunden, das Wohl der Menschen, als Bürger, das Wohl seiner Mitbürger zu befördern. Was kann ihn nunmehr von dieser Verbindlichkeit befreyet, und ihm dagegen das entgegengesetzte Recht gegeben haben, alles neben sich zu vernichten? Was hat diese Veränderung in seinen Pflichten verursacht? Wer unterstehet sich zu antworten: **Das begangene Verbrechen selbst!**

Eine andere unglückselige Folge von dieser Meynung ist, daß ihre Anhänger auch endlich genöthiget sind, die Vorsehung Gottes zu läugnen. Da, nach ihren Gedanken, das Leben der Menschen zwischen die engen Grenzen von Geburt und Tod eingeschränkt ist: so können sie den Lauf desselben mit ihren Augen vers

schreibt, müssen das höchste Gut zum Ziele haben. Ist unser höchstes Gut die Glückseligkeit; so kann die Pflicht befehlen, das Leben der Glückseligkeit nachzusetzen. Ist aber das Leben selbst das höchste Gut; so kann es keine Pflicht haben, das Leben selbst zu verlieren.

verfolgen und ganz überſehen. Sie haben alſo Kennt=
niß der Sache genug, die Wege der Vorſehung, wenn
es eine giebt, zu beurtheilen. Nun bemerken ſie in
den Begebenheiten dieſer Welt vieles, das offenbar
mit dem Begriffe, den wir uns von den Eigenſchaf=
ten Gottes machen müſſen, nicht übereinkömmt.
Manches widerſpricht ſeiner Güte, manches ſeiner
Gerechtigkeit, und bisweilen ſollte man glauben, das
Schickſal der Menſchen ſey von einer Urſache ange=
ordnet worden, die am Böſen Vergnügen gefunden.
In dem phyſiſchen Theile des Menſchen entdecken ſie
lauter Ordnung, Schönheit und Harmonie, die al=
lerweiſeſten Abſichten, und die vollkommenſte Ueber=
einſtimmung zwiſchen Mittel und Endzweck: lauter
ſichtbare Beweiſe der göttlichen Weisheit und Güte.
Aber in dem geſellſchaftlichen und ſittlichen Leben der
Menſchen, ſo viel wir allhier davon überſehen können,
ſind die Spuren dieſer göttlichen Eigenſchaften ganz
unkenntlich. Triumphirende Laſter, gekrönte Uebel=
thaten, verfolgte Unſchuld, unterdrückte Tugend ſind
wenigſtens nicht ſelten; die Unſchuldigen und Gerech=
ten leiden nicht ſeltener, als die Uebelthäter; Meute=
rey gelingt ſo oft, als die weiſeſte Geſetzgebung, und
ein ungerechter Krieg ſo gut, als die Vertilgung der
Ungeheuer, oder jede andere wohlthätige Unterneh=
mung, die zum Beſten des menſchlichen Geſchlechts
gereicht; Glück und Unglück trifft Gute und Böſe,
ohne merklichen Unterſchied, und müſſen in den Au=

gen

gen dieser Sophisten wenigstens, ganz ohne Absicht auf Tugend und Verdienst, unter die Menschen vertheilt zu seyn scheinen. Wenn sich ein weises, gütiges und gerechtes Wesen um das Schicksal der Menschen bekümmerte, und es nach seinem Wohlgefallen ordnete: würde nicht in der sittlichen Welt eben die weise Ordnung herrschen, die wir in der physischen bewundern?

Zwar dürfte mancher sagen: „Diese Klagen rühren bloß von unzufriedenen Gemüthern her, denen „es weder Götter noch Menschen jemals recht machen können. Erfüllet ihnen alle ihre Wünsche, „setzet sie auf den Gipfel der Glückseligkeit: sie finden „in den düstern Winkeln ihres Herzens noch allemal „Eigensinn und üble Laune genug, sich über ihre „Wohlthäter selbst zu beklagen. In den Augen eines mäßigen und genügsamen Menschen sind die „Güter dieser Welt so ungleich nicht ausgetheilt, als „man glaubt. Die Tugend hat mehrentheils eine „innere Selbstberuhigung zur Gefährtinn, welche „eine süßere Belohnung für sie ist, als Glück, „Ehre und Reichthum. Die unterliegende Unschuld „würde sich vielleicht selten an die Stelle des Wütrichs wünschen, der ihr den Fuß in den Nacken „setzet; sie würde das in die Augen fallende Glück „nur allzutheuer durch innre Unruhen erkaufen müs„sen.

„sen. Ueberhaupt, wer mehr auf die Empfindun=
„gen der Menschen Achtung giebt, als auf ihre Ur=
„theile, der wird ihren Zustand lange so beklagens=
„werth nicht finden, als sie ihn in ihren gemeinen
„Reden und Unterhaltungen machen." So dürfte
mancher vorgeben, um die Wege einer weisen Vor=
sehung in der Natur zu retten. Allein alle diese
Gründe haben nur alsdann ein Gewicht, wann mit
diesem Leben nicht alles für uns aus ist, wann sich
die Hoffnungen vor uns hin ins Unendliche erstrecken.
In diesem Falle kann es, ja es muß für unsere Glück=
seligkeit weit wichtiger seyn, wenn wir hienieden mit
dem Unglück ringen, wenn wir Geduld, Standhaf=
tigkeit und Ergebung in den göttlichen Willen lernen
und üben, als wenn wir uns im Glück und Ueber=
fluß vergessen. Wenn ich auch das Leben unter tau=
send Martern endige, was thut dieses? Hat nur mei=
ne Seele dadurch die Schönheit der leidenden Un=
schuld erworben, so ist sie für alle ihre Pein mit Wu=
cher bezahlt. Die Qual ist vergänglich, und der
Lohn von ewiger Dauer. Aber was hält den schad=
los, der unter diesen Qualen sein ganzes Daseyn auf=
giebt? und mit dem letzten Odem auch alle Schön=
heiten seines Geistes fahren läßt, die er durch diesen
Kampf erworben? Ist das Schicksal eines solchen
Menschen nicht grausam? kann der gerecht und gütig
seyn, der es so geordnet? — Und gesetzt, das Be=
wußtseyn der Unschuld hielte allen schmerzhaften Em=

N 5   pfin=

Strafen nicht thun, ihn so gar am Leben zu strafen:
so muß der Beleidiger auch nach der Strenge der
Gerechtigkeit verbunden seyn, diese Strafe zu dulden.
Ohne diese leidende Verbindlichkeit wäre jenes Recht
ein

durch Zufügung physikalischer Uebel zu vergelten,
findet auch im Stande der Natur statt, und gründet sich nicht, wie einige Weltweisen behaupten,
auf den gesellschaftlichen Vertrag, ist auch von
dem eingeführten Eigenthumsrechte unabhängig.
Der Mensch ist auch im Stande der Natur verbunden, für seine Erhaltung, Gesundheit und
Vollkommenheit zu sorgen, und hat ein Recht, sich
der erlaubten Mittel hierzu zu bedienen. Mithin
darf er auch andere abhalten, daß sie ihm in unschuldiger Ausübung dieses Rechts nicht hinderlich
seyen. Er hat also ein vollkommenes Recht, von
jedem andern zu fordern, daß er ihn nicht belei-
digen, und endlich zu Abhaltung fernerer Beleidigung, sich der Ahndung oder Strafe zu bedienen.
Die Grade der Strafen richten sich nach Maßgebung der Beleidigung, und vornehmlich nach der
Wahrscheinlichkeit, daß sie hinreichen werden, für
künftiges Unrecht zu beschützen. Daher auch Todesstrafen Rechtens sind, wenn geringere Strafen
nicht hinreichen wollen. Wer mir, im Stande der
ungeselligen Natur, meine Hütte niederreißt, mein

Waffer

verfolgen und ganz übersehen. Sie haben also Kennt-
niß der Sache genug, die Wege der Vorsehung, wenn
es eine giebt, zu beurtheilen. Nun bemerken sie in
den Begebenheiten dieser Welt vieles, das offenbar
mit dem Begriffe, den wir uns von den Eigenschaften Gottes machen müssen, nicht übereinkömmt.
Manches widerspricht seiner Güte, manches seiner
Gerechtigkeit, und bisweilen sollte man glauben, das
Schicksal der Menschen sey von einer Ursache ange-
ordnet worden, die am Bösen Vergnügen gefunden.
In dem physischen Theile des Menschen entdecken sie
lauter Ordnung, Schönheit und Harmonie, die allerweisesten Absichten, und die vollkommenste Uebereinstimmung zwischen Mittel und Endzweck: lauter
sichtbare Beweise der göttlichen Weisheit und Güte.
Aber in dem gesellschaftlichen und sittlichen Leben der
Menschen, so viel wir allhier davon übersehen können,
sind die Spuren dieser göttlichen Eigenschaften ganz
unkenntlich. Triumphirende Laster, gekrönte Uebelthaten, verfolgte Unschuld, unterdrückte Tugend sind
wenigstens nicht selten; die Unschuldigen und Gerechten leiden nicht seltener, als die Uebelthäter; Meuterey gelingt so oft, als die weiseste Gesetzgebung, und
ein ungerechter Krieg so gut, als die Vertilgung der
Ungeheuer, oder jede andere wohlthätige Unternehmung, die zum Besten des menschlichen Geschlechts
gereicht; Glück und Unglück trifft Gute und Böse,
ohne merklichen Unterschied, und müssen in den Au-

N 4   gen

pfindungen, der Todesqual selbst, die der Unschuldige von den Händen seines Verfolgers leidet, das Gleichgewicht: soll jener Gewaltthäter, jener Beleidiger der göttlichen und menschlichen Rechte so dahin fahren, ohne jemals aus der blinden Verstocktheit, in welcher er gelebt, gerissen zu werden, und vom Guten und Bösen richtigere Begriffe zu erlangen? ohne jemals gewahr zu werden, daß diese Welt von einem Wesen regieret wird, welches an der Tugend Wohlgefallen findet? Wenn kein zukünftiges Leben zu hoffen ist, so ist die Vorsehung gegen den Verfolger so wenig zu rechtfertigen, als gegen den Verfolgten.

Unglücklicher Weise werden viele durch diese anscheinende Schwierigkeiten verführt, die Vorsehung zu leugnen. Das allerhöchste Wesen, wähnen sie, bekümmere sich um das Schicksal der Menschen gar nicht, so sehr es sich auch die Vollkommenheit seiner physischen Natur hat angelegen seyn lassen. Tugend und Laster, Unschuld und Verbrechen, wer ihm dienet, und wer ihn lästert, sprechen sie, seyn dem allgemeinen Weltgeist vollkommen gleich, und was dergleichen so lächerlicher als strafbarer Meynungen mehr sind, auf die man nothwendig gerathen muß, so bald man den Weg zur Wahrheit verfehlt. Ich halte es für überflüßig, meine Freunde! von dem Ungrunde dieser Meynungen viele Worte zu machen, da wir alle versichert sind, daß wir unter der göttlichen Ob-

hut

hut stehen, und das Gute von seinen Händen, so wie das Böse nicht anders als mit seiner Zulassung, empfangen.

Hingegen wissen wir einen sicherern und leichtern Weg, uns aus diesem Labyrinthe zu finden. In unsern Augen verleugnet das Sittliche so wenig, als das Physische dieser Welt, die Vollkommenheit ihres Urhebers. So wie sich in der physischen Welt Unordnungen in den Theilen, Stürme, Ungewitter, Erdbeben, Ueberschwemmung, Pest, u. s. w. in Vollkommenheiten des unermeßlichen Ganzen auflösen: eben also dienen in der sittlichen Welt, in dem Schicksale und den Begegnissen des geselligen Menschen, alle zeitliche Mängel zu ewigen Vollkommenheiten, vergängliches Leiden zu unaufhörlicher Seligkeit, und kurze Prüfung zu dauerhaftem Wohlseyn. Das Schicksal eines einzigen Menschen in seinem gehörigen Lichte zu betrachten, müßten wir es in seiner ganzen Ewigkeit übersehen können. Alsdann erst könnten wir die Wege der Vorsehung untersuchen und beurtheilen, wann wir die ewige Fortdauer eines vernünftigen Wesens unter einen einzigen, unserer Schwachheit angemessenen, Gesichtspunkt bringen könnten: aber alsdann seyd versichert, meine Lieben! würden wir weder tadeln, noch murren, noch unzufrieden seyn; sondern voller Verwunderung die Weisheit und Güte des Weltbeherrschers verehren und anbeten.

Aus

Aus allen diesen Beweisgründen zusammenge=
nommen, meine Freunde! erwächst die zuverläßigste
Versicherung von einem zukünftigen Leben, die unser
Gemüth vollkommen befriedigen kann. Das Vermö=
gen zu empfinden ist keine Beschaffenheit des Körpers,
und seines feinen Baues; sondern hat seine Bestand=
heit für sich. Das Wesen dieser Bestandheit ist ein=
fach, und folglich unvergänglich. Auch die Vollkom=
menheit, die diese einfache Substanz erworben, muß
in Absicht auf sie selbst von unaufhörlichen Folgen
seyn, und sie immer tüchtiger machen, die Absichten
Gottes in der Natur zu erfüllen. Insbesondere ge=
hört unsere Seele, als ein vernünftiges und nach
der Vollkommenheit strebendes Wesen, zu dem Ge=
schlechte der Geister, die den Endzweck der Schöpfung
enthalten, und niemals aufhören, Beobachter und
Bewunderer der göttlichen Werke zu seyn. Der An=
fang ihres Daseyns ist, wie wir sehen, ein Bestre=
ben und Fortgehen von einem Grade der Vollkom=
menheit zum andern; ihr Wesen ist des unaufhörli=
chen Wachsthums fähig; ihr Trieb hat die augen=
scheinlichste Anlage zur Unendlichkeit, und die Natur
beut ihrem nie zu löschenden Durste eine unerschöpfli=
che Quelle an. Ferner haben sie, als moralische We=
sen, ein System von Pflichten und Rechten, das
voller Ungereimtheiten und Widersprüche seyn würde,
wenn sie auf dem Wege zur Vollkommenheit gehemmt
und zurück gestoßen werden sollten. Und endlich ver=
weiset

weiſet uns die anſcheinende Unordnung und Ungerechtigkeit in dem Schickſale der Menſchen auf eine lange
Reihe von Folgen, in welcher ſich alles auflöſet, was
hier verſchlungen ſcheinet. Wer hier mit Standhaf-
tigkeit, und gleichſam dem Unglücke zu Trotz, ſeine
Pflicht erfüllet, und die Widerwärtigkeiten mit Ergebung in den göttlichen Willen erduldet, muß den Lohn
ſeiner Tugenden endlich genießen; und der Laſterhafte
kann nicht dahin fahren, ohne auf eine oder die andere Weiſe zur Erkenntniß gebracht zu ſeyn, daß die
Uebelthaten nicht der Weg zur Glückſeligkeit ſind.
Mit einem Worte, allen Eigenſchaften Gottes, ſeiner
Weisheit, ſeiner Güte, ſeiner Gerechtigkeit würde
es widerſprechen, wenn er die vernünftigen und nach
der Vollkommenheit ſtrebenden Weſen nur zu einer
zeitlichen Dauer geſchaffen hätte.

Es dürfte Jemand von euch ſprechen: „Gut,
„Sokrates! Du haſt uns gezeigt, daß wir uns
„eines künftigen Lebens zu getröſten haben: ſage uns
„aber auch, wo werden ſich unſere abgeſchiedenen Gei-
„ſter aufhalten? welche Gegend des Aethers werden
„ſie bewohnen? womit werden ſie ſich beſchäfftigen?
„auf welche Art werden die Tugendhaften belohnt,
„und die Laſterhaften zu beſſerer Erkenntniß gebracht
„werden?‟

Wenn Jemand mich dieſes fragt, ſo antworte ich:
Freund! du forderſt mehr, als meines Berufs iſt.

Ich

Ich habe dich durch alle Krümmungen des Labyrinths
hindurch geführt, und zeige dir den Ausgang: hier
endiget sich mein Beruf. Andere Wegweiser mögen
dich weiter führen. Ob die Seelen der Gottlosen werden Frost oder Hitze, Hunger oder Durst zu leiden
haben, ob sie in dem Acherusischen Moraste sich her-
umwälzen, in dem düstern Tartarus, oder in den
Flammen des Pyriphlegetons ihre Zeit hinbringen
müssen, bis sie geläutert werden; ob die Seligen auf
einer von lauter Gold und Edelgestein blitzenden Erde
die reinste Himmelsluft einsaugen, und sich in dem
Glanze der Morgenröthe sonnen, oder ob sie in den
Armen einer ewigen Jugend ruhen und sich mit Nek-
tar und Ambrosia füttern lassen: alles dieses, mein
Freund! weiß ich nicht. Wissen es unsere Dichter
und Fabellehrer besser: so mögen sie andere davon versichern. Es schadet vielleicht nicht, wenn gewisser
Leute Einbildungskraft auf eine solche Weise beschäfftiget und angestrengt wird. Was mich betrifft, so be-
gnüge ich mich mit der Ueberzeugung, daß ich ewig unter göttlicher Obhut stehen werde, daß seine heilige
und gerechte Vorsehung in jenem Leben, so wie in
diesem, über mich walte, und daß meine wahre Glückseligkeit in den Schönheiten und Vollkommenheiten
meines Geistes bestehe: diese sind Mäßigkeit, Gerechtigkeit, Freyheit, Liebe, Wohlwollen, Erkenntniß
Gottes, Beförderung seiner Absichten, und Ergebung
in seinen heiligen Willen. Diese Seligkeiten erwarten

ten meiner in jener Zukunft, dahin ich eile, und ein mehreres brauche ich nicht zu wissen, um mit getrostem Muthe den Weg anzutreten, der mich dahin führet. Ihr, Simmias, Cebes, und übrigen Freunde! ihr werdet mir folgen, ein jeder zu seiner Zeit. Mir winkt jetzt schon das unbewegliche Schicksal, wie etwa ein Trauerspieldichter sagen würde. Es ist Zeit, daß ich ins Bad gehe; denn ich halte es für anständiger, nach dem Bade erst den Gift zu mir zu nehmen, damit ich den Weibern die Mühe erspare, meinen Leichnam zu waschen.

Als Sokrates ausgeredet hatte, ergriff Kriton das Wort und sprach: Es sey! Was hast du aber diesen Freunden oder mir zu hinterlassen, das deine Kinder oder häußlichen Angelegenheiten angehet? womit können wir dir zu Gefallen leben? — Wenn ihr so lebet, Kriton! sprach er, wie ich euch längst empfohlen habe. Ich habe nichts Neues hinzuzuthun. Wenn ihr für euch selbst Achtung habet, so werdet ihr mir, den Meinigen und euch selbst zu Gefallen leben, und wenn ihr es auch nicht versprechet, vernachläßiget ihr aber euch selbst, und wollet der Spur nicht folgen, die euch heute und in vorigen Zeiten vorgezeichnet worden: so wird es nichts helfen, wenn ihr auch jetzt noch so viel zusaget. — Kriton versetzte: Wir werden mit allen Kräften streben, dir zu gehorchen, mein Sokrates! Wie sollen wir aber nach deinem

Tode

Tode mit dir verfahren? — Wie ihr wollet, ant=
wortete Sokrates, wenn ihr mich anders habet,
und ich euch nicht entwische? — Zu gleicher Zeit sa=
he er uns lächelnd an, und sprach: Ich kann den
Kriton nicht bereden, meine Freunde! daß derjeni=
ge eigentlich Sokrates sey, der jetzt redet, und euch
eine Zeitlang unterhalten hat; er glaubt immer noch,
der Leichnam, den er bald wird zu sehen bekommen,
und der vorjetzo nur meine Hülle ist, das sey Sokra=
tes, und fragt, wie er mich begraben soll. Alle die
Gründe, die ich bisher angeführet, zu beweisen, daß
ich, so bald der Gift gewirkt haben wird, nicht mehr
bey euch bleiben, sondern in die Wohnungen der Glück=
seligen versetzt werde, scheinen ihm eine bloße Erfin=
dung, um euch und mich zu trösten. Seyd so gut,
meine Freunde! und verbürget nun beym Kriton das
Gegentheil dessen, was er bey den Richtern verbürgt
hat. Er ist für mich gut gewesen, daß ich nicht ent=
laufen werde; ihr aber müsset ihm dafür stehen, daß
ich mich, gleich nach meinem Tode, davon mache, da=
mit er meinen Leichnam verbrennen, oder in die Er=
de senken sehe, und sich nicht so sehr betrübe, als wenn
mir das größte Unglück wiederführe. Er spreche auch
bey meinem Leichenbegängnisse nicht: man legt den
Sokrates auf die Bahre, man trägt den Sokra=
tes hinweg, man beerdiget den Sokrates. Denn
wisse, fuhr er fort, mein werther Kriton! derglei=
chen Reden sind nicht nur der Wahrheit zuwider, son=

dern

dern auch eine Beleidigung für den abgeſchiedenen
Geiſt. Sey vielmehr getroſtes Muths, und ſprich,
mein Leichnam werde beerdiget. Im übrigen magſt
du ihn beerdigen, wie es dir gefällt, und wie du glau-
beſt, daß es die Geſetze mit ſich bringen. Hierauf gieng
er in ein benachbartes Gemach, um ſich zu waſchen.
Kriton folgte ihm, und uns hieß er warten. Wir
blieben, und unterhielten uns eines Theils mit dem,
was wir gehöret hatten, wiederholten, überdachten,
und erwogen einige Gründe, um uns davon gehörig
zu überzeugen; andern Theils aber beſchäftigte uns
die troſtloſe Erwartung des großen Unglücks, das uns
bevorſtund. Denn es kam uns nicht anders vor, als
wenn wir unſern Vater verlören, und von nun an
als Waiſen in der Welt leben müßten. Als er ſich
gewaſchen hatte, brachte man ihm ſeine Kinder (er
hat ihrer drey, zwey kleine, und ein erwachſenes):
und ſeine Hausweiber traten zu ihm hinein. Er unterhielt ſich mit ihnen in Gegenwart des Kriton,
ſagte ihnen, was er zu ſagen hatte, ließ die Weiber
und Kinder hierauf weggehen, und kam wieder zu
uns heraus. Es war gegen Sonnenuntergang; denn
er hatte ſich etwas lange in dem Nebengemache verwei-
let. Er ſetzte ſich nieder, ſprach aber ſehr wenig;
denn bald darauf kam der Trabante der Eilfmänner,
ſtellte ſich neben ihn, und ſprach: O Sokrates! ich
werde an dir etwas ganz anders gewahr, als an andern Verurtheilten. Sie pflegen ſich zu entrüſten,

O   und

und mir zu fluchen, wenn ich ihnen auf Befehl der
Obrigkeit ankündige, daß es Zeit sey, den Gift zu
trinken; du aber scheinest mir allezeit, und vornehmlich
jetzt, der gelassenste und sanftmüthigste Mann zu seyn,
der jemals diesen Ort betreten. Ich weiß gewiß, du
bist auch jetzo über mich nicht ungehalten, sondern
über die, (du kennest sie!) die daran Schuld sind.
Du merkest nun wohl, Sokrates! was für eine
Botschaft ich dir zu bringen habe. Gehab dich wohl,
und leide mit Geduld, was nicht zu ändern ist. Er
sprach es, kehrte sich herum und weinte. Sokrates sahe sich nach ihm um, und sprach: Lebe du wohl,
Freund! wir werden dir gehorchen. Zu uns aber
sprach er: Was für ein rechtschaffner Mann! er hat
mich oft besucht, auch sich zuweilen mit mir unterhalten. Es ist ein gar guter und ehrlicher Mensch: sehet, wie aufrichtig er jetzt um mich weinet! Allein,
Kriton! wir müssen ihm in der That gehorchen:
laß den Gift herbringen, wenn er fertig ist; wo nicht,
so mag ihn dieser zu rechte machen.

Warum so eilig? mein Sokrates! versetzte Kriton: ich glaube, daß die Sonne noch auf den Ber-
gen scheinet, und noch nicht untergegangen ist. Andere pflegen, nach der Ankündigung, noch lange zu
warten, bevor sie den Gifttrank zu sich nehmen, und
vorher sich gütlich zu thun, zu essen, zu trinken, auch
wohl gar der Liebe zu pflegen. Wir können noch eine
gute

gute Weile verziehen. — Das mögen die thun, Kriton! antwortete Sokrates, welche jede Frist für
Gewinn halten; ich aber habe meine Gründe, das
Gegentheil zu thun. Ich glaube nichts zu gewinnen,
wenn ich verzögere, und würde mir nur selbst lächerlich vorkommen, wenn ich mit dem Leben jetzt geizte
und kargte, da es nicht mehr mein ist. Thue mir
immer meinen Willen, und halte mich nicht auf.

Hierauf winkte Kriton dem Knaben, der neben
ihm stand. Der Knabe gieng heraus, verweilte einige Zeit mit Zubereitung des Gifts, und brachte
hierauf den Mann herein, der den Giftbecher in der
Hand hatte, um ihn dem Sokrates zu reichen. Sokrates sahe ihn kommen, und sprach: Guter Mann,
gieb her! Aber was muß ich dabey thun? du wirst
es wissen. Nichts anders, antwortete dieser, als nach
dem Trinken auf und nieder gehen, bis dir die Füße
schwer werden; sodann legst du dich nieder: dieses ist
alles. Und hiermit reichte er ihm den Becher. Sokrates nahm ihn, lieber Echekrates! mit solcher
Gelassenheit, ohne Zittern, ohne Farbe oder Gesichts-
züge im geringsten zu verändern, sahe den Menschen
mit seinen weit offenen Augen an, und sprach: Was
meynest du? darf man den Göttern davon einige Tro-
pfen zum Dankopfer vergießen? Es ist gerade so viel
als nöthig ist, versetzte dieser. So mag es bleiben,
erwiederte Sokrates; aber ein Gebet kann ich doch

an

an sie richten: **Die ihr mich rufet, ihr Götter!**
verleihet mir eine glückliche Reise! Mit diesen
Worten setzte er den Becher an, und leerte ihn ruhig
und gelassen aus.

Bisher konnten sich viele von uns noch der Thränen enthalten; als wir ihn aber ansetzen, trinken, und
ausleeren sahen, da war es nicht möglich. Mir selbst
tröpfelten die Thränen nicht, sondern ergossen sich,
wie in Strömen herunter, und ich mußte mir das
Gesicht in den Mantel hüllen, um ungestört weinen
zu können, nicht über ihn, sondern über mich selbst,
daß ich das Unglück hatte, einen solchen Freund zu
verlieren. **Kriton,** der sich noch vor mir der Thränen nicht enthalten konnte, stand auf und irrete im
Gefängnisse umher; und **Apollodorus,** der die ganze Zeit mehrentheils geweinet, fieng damals an, überlaut zu heulen und zu jammern, daß einem jeden das
Herz davon brach. Nur **Sokrates** blieb unbewegt,
und rief uns zu: Was machet ihr? Kleinmüthigen!
deswegen habe ich so eben die Weiber weggeschickt, damit sie hier nicht so klagen und winseln möchten; denn
ich habe mir sagen lassen, man müsse suchen unter
Seegnungen und guten Wünschen den Geist aufzuge-
ben. Seyd ruhig, und zeiget euch als Männer! —
Als wir dieses vernommen, schämeten wir uns, und
hörten auf zu weinen. Er gieng auf und nieder, bis
ihm die Füße schwer wurden, und legte sich sodann auf

den

den Rücken, wie der Sklave ihm gerathen hatte. Bald
darauf betastete ihn der Mann, welcher ihm den Gift
gereicht, mit den Händen, und beobachtete seine Füs-
se und seine Hüften. Er drückte ihm den Fuß, und
fragte, ob er es fühlte? Nein, sprach er. Er drückte ihm den Schenkel, ließ aber wieder los, und gab
uns zu verstehen, daß er kalt und steif sey. Er betastete ihn wieder, und sprach: So bald es ihm ans
Herz kömmt, wird er verscheiden. Nun fieng ihm
der Unterleib schon an kalt zu werden. Er deckte sich
auf, denn man hatte ihn zugedeckt, und sagte zum
Kriton (dieses waren seine letzten Worte): Freund!
vergiß nicht, dem Gott der Genesung einen
Hahn zu bringen, denn wir sind ihm einen
schuldig. — Kriton antwortete: Es soll geschehen.
Hast du sonst nichts mehr zu hinterlassen? Hierauf
erfolgte keine Antwort. Einige Zeit hernach bekam
er Zuckungen. Der Mann deckte ihn vollends auf,
und seine Blicke blieben starr. Als Kriton es sahe,
drückte er ihm Mund und Augen zu.

Dieses war das Ende unseres Freundes, o Echekrates! eines Mannes, der unter allen Menschen,
die wir kannten, unstreitig der rechtschaffenste, weiseste, und gerechteste gewesen.

Anhang,

Einige Einwürfe betreffend, die dem Verfasser gemacht worden sind.

Verschiedene Freunde der Wahrheit haben die Gewogenheit gehabt, mir ihre Erinnerungen und Anmerkungen über obige Gespräche, theils in Privatbriefen und theils in öffentlichen Blättern, zu Gesichte kommen zu lassen. Nicht wenige derselben habe ich bey dieser zwoten Auflage mit Nutzen gebraucht. Ich habe hier und da verändert, an einigen Stellen mich deutlicher erklärt, und andere durch Noten erläutert. Dieses ist der einzige Dank, den diese würdige Männer von mir erwarten. Aber alles habe ich nicht aus dem Wege räumen können, was meinen Richtern anstößig geschienen. Zum Theil haben mich ihre Gründe nicht überzeugt, und zum Theil giengen ihre Anforderungen über meine Kräfte. Man erlaube, daß ich mich hier über einige Erinnerungen von dieser Art erkläre.

Ueberhaupt muß ich bekennen, daß die Kunstrichter in Ansehung meiner eher nachsichtsvoll, als strenge gewesen sind. Ich habe mich über keinen unbilligen Tadel zu beschweren, vielleicht eher über unbilliges Lob, davon mich die Selbsterkenntniß versichert, daß es übertrieben ist. Unmäßiges Lob pflegt mehr die Absichten zu haben andere zu demüthigen, als den Gegenstand desselben anzuspornen. Ich habe mir

mir niemals in den Sinn kommen laſſen, Epoche in
der Weltweisheit zu machen, oder durch ein eigenes
Syſtem berühmt zu werden. Wo ich eine betretene
Bahn vor mir ſehe; da ſuche ich keine neue zu bre-
chen. Haben meine Vorgänger die Bedeutung eines
Worts feſtgeſetzt, warum ſolte ich davon abweichen?
Haben ſie eine Wahrheit ans Licht gebracht, warum
ſollte ich mich ſtellen, als wüßte ich es nicht? Der
Vorwurf der Sektirerey ſchreckt mich nicht ab, von
andern mit dankbarem Herzen anzunehmen, was ich
bey ihnen brauchbares und nützliches finde. Ich ge-
ſtehe es, der Sektiergeiſt hat dem Fortgange der
Weltweisheit ſehr geſchadet, aber er kann, meines
Erachtens, vor Liebe zur Wahrheit ehe im Zaume
gehalten werden, als die Neuerungsſucht.

Jedoch ich ſoll, ſelbſt in dem erſten Geſpräche,
allwo ich genauer beym Plato geblieben zu ſeyn vor-
gebe, Sätze aus Wolf und Baumgarten ohne Be-
weis vorausgeſetzt haben, die nicht jeder Leſer ſo ſchlechterdings annimmt. — Welches ſind denn dieſe Sätze?
Etwa, daß die Kräfte der Natur ſtets wirkſam
ſind? Ich glaube, dieſer Satz ſey ſo alt, als die Weltweisheit ſelbſt. Man hat von je her gewußt, daß ein
wirkſames Ding, wenn es nicht gehemmet wird, die
ihm angemeſſene Wirkung hervorbringt, und wenn es
Widerſtand findet; ſo wirkt es in dieſen Widerſtand
zurück. Es iſt alſo niemals in Ruhe. Dieſe Begriffe
leuchten der geſunden Vernunft ſo ſehr ein, daß ſie
keines Beweiſes bedürfen, und die Weltweiſen aller
Zeiten haben ſie gedacht, nur dieſe ſo, jene anders
ausgedrückt.

D 4 Iſt

Ist etwa dieser Satz Wolfisch: daß alles Veränderliche keinen Augenblick unverändert bleibe? —
Nicht doch, die Schriften des Plato sind voll davon.
Alle vergängliche Dinge, sagt dieser Weltweise im
Theaetetus und an vielen andern Stellen, sind in
beständigem Wechsel von Gestalten, und bleiben keinen Augenblick sich selbst ähnlich. Er schreibt ihnen
daher kein wirkliches Daseyn; sondern ein Entstehen
zu *). Sie sind nicht vorhanden, spricht er, sondern entstehen durch die Bewegung und Veränderung,
und vergehen. Dieses ist ein Hauptgrundsatz der
platonischen Lehre, und hierauf gründet sich seine Theorie von dem wahren Daseyn der allgemeinen unver-
änderlichen Begriffe, sein Unterschied zwischen Wis-
senschaft und Meynung, seine Lehre von Gott, und
von der Glückseligkeit, seine ganze Philosophie.

Alle Schulen der Alten sind beschäftiget gewesen,
diesen Satz zu bestätigen, oder zu widerlegen. Man
weiß das Gleichniß von einem Baume, der seinen
Schatten auf ein vorbeyfließendes Wasser wirft.
Der Schatten scheinet immer derselbe zu seyn, obgleich der Grund, auf welchem er gezeichnet ist, sich
beständig fortbewegt. So, sagten die Anhänger des
Plato, scheinen uns die Dinge Beständigkeit zu haben, ob sie gleich in stetem Wechsel sind. Daß diese
Leh-

*) *Plotinus* sagt: Iam vero neque corpus omnino erit
    vllum, nisi animae vis extiterit.

Nam *fluit semper et in motu ipsa corporis natura ver-
    satur*, citoque periturum est vniuersum,

Si quaecunque sunt sint corpora.

Lehren auch im **Wolf** und **Baumgarten** vorkommen, ist kein Wunder, da sie seit den Zeiten des He-
raclitus und Pythagoras von jedem Weltweisen haben untersucht werden müssen. Ich würde durchaus
antik geblieben seyn, wenn ich keine neueren Sätze
hätte brauchen dürfen, als diese.

Ich soll aber meine ganze Demonstration auf den
Satz gegründet haben, daß empfinden, denken
und wollen die einzigen Wirkungen der Seele
sind, und dieser Satz soll außer der Schule, der
ich anhänge, nicht angenommen werden. Ja, setzt
ein Kunstrichter hinzu, wenn er auch von der Seele,
als Seele, zugegeben wird; so kann er doch nicht
von der Seele als Substanz gelten. Als Substanz
muß sie auch noch eine bewegende und widerstehende
Kraft haben, die mit der denkenden gar nichts gemein hat. Durch diese Unterscheidung soll einer
von meinen Hauptbeweisen über den Hauffen fallen,
denn die Seele kann nach dem Tode als Substanz
würksam bleiben, ohne als Seele zu empfinden, zu
denken und zu wollen.

Wir wollen sehen! Mein Beweis, sagt man,
gründe sich auf einen Satz, der nicht wahr ist, und
ich? ich glaube, der Satz sey wahr, aber mein Beweis gründe sich nicht darauf. Ob eine Substanz
nur eine Grundkraft, oder mehrere haben könne,
ob denken und wollen aus einer, oder mehrern
Grundthätigkeiten fließen, ob die Seele den Leib bewege, oder nicht bewege; diese und mehrere dahin
einschlagende Untersuchungen kann ich als unausge-
macht dahin gestellt seyn lassen. Für mich habe ich

O 5 zwar

zwar Partey genommen; allein die Beweise für die
Unsterblichkeit der Seele sollen mit so wenig andern
Streitfragen, als möglich, verwickelt bleiben. Das
Vermögen zu denken und zu wollen nenne ich Seele,
und mein ganzer Beweis gründet sich auf folgendes
Dilemma: Denken und wollen sind entweder Eigenschaften des Zusammengesetzten, oder des Einfachen.
Jenes wird im zweyten Gespräche untersucht. In
dem ersten betrachte ich sie als Eigenschaften des einfachen Wesens. Die Eigenschaften des einfachen Wesens sind entweder Grundthätigkeiten, oder Modifikationen anderer Thätigkeiten. Man gestehet ein,
daß denken und wollen nicht bloße Modifikationen anderer Kräfte; sondern ursprüngliche Thätigkeiten seyn
müssen. Eine, oder mehrere, das thut nichts; die
einfachen Wesen mögen auch ausser dem Denken und
Wollen noch andere Kräfte haben, bewegende, widerstehende, stoßende oder anziehende, so viel man
nur will, und Namen erdenken kann. Genug, daß
denken und wollen nicht bloße Abänderungen dieser
ungenannten Kräfte; sondern von ihnen unterschie-
dene Grundthätigkeiten sind. Nun können alle natürliche Kräfte nur Bestimmungen abändern, nur
Modifikationen mit einander abwechselnd machen,
niemals aber Grundeigenschaften und für sich bestehende Thätigkeiten der Dinge in Nichts verwandeln;
daher kann die Kraft zu denken und zu wollen, oder
können die Kräfte zu denken und zu wollen, niemals
durch natürliche Veränderungen vernichtet werden,
wenn sie auch noch so viel von ihnen verschiedene
Kräfte zurücklassen. Eine wunderthätige Allmacht
gehört dazu, ein solches Vermögen hervorzubringen,
oder zu zernichten.

Daß

Daß durch alle Kräfte der Natur nichts wahr=
haftig zernichtet werden könne, ist, so viel ich weiß,
von keinem Weltweisen noch in Zweifel gezogen wor=
den. Eine natürliche Handlung, hat man von jeher
gesagt, muß Anfang, Mittel und Ende haben; das
heißt, es muß ein Theil der Zeit verstreichen, bevor
sie vollendet wird. Dieser Theil der Zeit mag so
klein seyn, als man will, er verläugnet doch niemals
die Natur der Zeit, und hat aufeinanderfolgende Au=
genblicke. Sollen die Kräfte der Natur eine Wir=
kung hervorbringen; so müssen sie sich dieser Wir=
kung allmälig nähern, und sie vorbereiten, bevor sie
erfolget. Eine Wirkung aber, die nicht vorbereitet
werden kann; die in einem Nu erfolgen muß, hört
auf natürlich zu seyn, kann nicht von Kräften her=
vorgebracht werden, die alles in der Zeit thun müssen.
Alle diese Sätze sind den Alten nicht unbekannt ge=
wesen, und sie schienen mir in dem Raisonnement des
Plato *) von den entgegengesetzten Zuständen
und den Uebergängen von einem auf den andern,
nicht undeutlich zu liegen. Darum suchte ich sie mei=
nen Lesern nach Platons Weise, aber mit der unsern
Zeiten angemessenen Deutlichkeit vorzutragen. Sie
leuchten zwar der gesunden Vernunft ziemlich ein;
allein durch die Lehre von der Stetigkeit erlan=
gen sie meines Erachtens einen hohen Grad der Ge=
wißheit. Ich ergriff auch nicht ungern die Gelegen=
heit, meine Leser mit dieser wichtigen Lehre bekannt zu
machen, weil sie uns auf richtige Begriffe von den
Veränderungen des Leibes und der Seele führet, ohne
welche man Tod und Leben, Sterblichkeit und Un=
sterb=

*) Im Phädon.

sterblichkeit nicht aus dem rechten Gesichtspunkte be‐
trachten kann.

Wie aber? fragt man, kann wohl irgend eine Ver‐
änderung ohne alle Zernichtung vorgehen? Muß
nicht die Bestimmung einer Sache zernichtet werden,
wenn die entgegengesetzte Bestimmung an ihr wirklich
werden soll? Und wie ist dieses möglich, wenn die
Kräfte der Natur nichts zernichten können? — Ich
glaube, man mißbraucht hier das Wort zernichten.
Wenn ein harter Körper weich, oder ein trockener feuch‐
te wird; so wird nicht die Härte oder Trockenheit zer‐
nichtet, und die Weichheit oder Feuchtheit dafür her‐
vorgebracht. Ohne die geringste Zernichtung kann
das Lange kurz, das Kurze lang, das Kalte warm, und
das Warme kalt, das Schöne häßlich und das Häß‐
liche schön werden. Alle diese Modifikationen sind
durch allmälige Uebergänge mit einander verbunden,
und wir sehen gar deutlich, daß sie ohne die geringste
Zernichtung oder Hervorbringung mit einander ab‐
wechseln können. Ueberhaupt sind die entgegengesetzten
Bestimmungen, die durch natürliche Veränderungen
an einer Sache möglich sind, alle von der Art, daß
zwischen beiden äussersten auch ein Mittel statt findet.
Im Grunde sind sie nur durch das Mehr und We‐
niger von einander unterschieden. Verändert gewisse
Theile in ihrer Lage, bringet diese näher zusammen,
jene weiter von einander; so wird das Schöne häß‐
lich, das Lange kurz, u. s. w. Verdunkelt diese Be‐
griffe, und heitert jene auf; schwächet diese Begier‐
den, stärket jene Neigungen, so habet ihr die Einsich‐
ten und den Charakter eines Menschen verändert.
Alles dieses kann durch einen allmäligen Uebergang,

ohne

ohne die geringſte Zernichtung geſchehen, und ſolche
Veränderungen ſind der Natur allerdings möglich.
Aber zwo entgegengeſetzte Beſtimmungen, zwiſchen
welchen es kein Mittel giebt, können niemals natür=
licher Weiſe auf einander folgen, und ich kenne kein
Geſetz der Bewegung, das dieſem Satz zuwider ſeyn
ſollte. Hierüber verdienet der Pater Boſcovich *)
nachgeleſen zu werden, welcher das Geſetz der Ste=
tigkeit in ein vortrefliches Licht geſetzt hat.

Allein wozu alle dieſe ſtachelichten Unterſuchungen
in einem ſokratiſchen Geſpräche? Sind ſie nicht für
die einfältige Manier des athenienſiſchen Weltweiſen
viel zu ſpitzfündig?

Ich antworte: man ſcheinet zu vergeſſen, daß ich
dem Plato, und nicht dem Xenophon nachahme.
Dieſer letztere vermied alle Spitzfündigkeiten der Dia=
lektik, und ließ ſeinen Lehrer und Freund dem geſun=
den ungekünſtelten Menſchenverſtande folgen. In
ſittlichen Materien iſt dieſe Methode unverbeſſerlich;
allein in metaphyſiſchen Unterſuchungen führet ſie nicht
weit genug. Plato, der der Metaphyſik hold war,
machte ſeinen Lehrer zum pythagoriſchen Weltweiſen,
und ließ ihn in den dunkelſten Geheimniſſen dieſer
Schule eingeweihet ſeyn. Wenn Xenophon auf ein
Labyrinth ſtößt; ſo läßt er den Weiſen lieber ſchüch=
tern ausweichen, als ſich in Gefahr begeben. Plato
hingegen führet ihn durch alle Krümmungen und Irr=
gänge der Dialektik, und läßt ihn in Unterſuchungen

ſich

*) In ſeiner Abhand. de lege continui, und in ſeinen
Princ. phil. nat.

sich vertiefen, die weit über die Sphäre des gemeinen
Menschenverstandes sind. Es kann seyn, daß Xenophon dem Sinne des Weltweisen, der die Philosophie
von dem Himmel herunter geholt, treuer geblieben ist.
Ich mußte nichts destoweniger der Methode des Plato
folgen, weil diese Materie, meines Erachtens, keine
andere Behandlung leidet, und ich lieber subtil seyn,
als von der Strenge des Beweises etwas vergeben
wollte. Die Sophisterey hat sich in unsern Tagen
unter gar verschiedenen Gestalten gezeigt. Bald mit
Spitzfündigkeiten gewafnet, bald unter der Larve der
gesunden Vernunft, bald als Freundin der Religion,
jetzt mit der Dreistigkeit eines vielwissenden Thrasy-
machus, dann wieder mit der unschuldigen Laune eines nichtswissenden Sokrates. Mit allen diesen Pro-
teuskünsten hat sie gesucht, die Lehre von der Unsterblichkeit der Seele ungewiß zu machen, und die Gründe jetzt zu verspotten, jetzt im Ernste zu widerlegen.
Wie sollen die Freunde dieser Wahrheit sie vertheidigen? Durch sokratische Unwissenheit kann man den
Dogmatiker rasend machen, aber nichts festsetzen.
Durch Gegenspott wird niemand überzeugt. Ihnen
bleibt also kein anderer Weg, als die Gaukeleyen der
Zweifelsüchtigen für das zu halten, was sie sind, und
nach Vermögen zu beweisen.

Den Beweis, daß die Materie nicht denken könne, im zweiten Gespräche, haben folgende Betrachtungen veranlasset. Cartesius hat gezeigt, daß Ausdehnung und Vorstellung von ganz verschiedener Natur sind, und daß die Eigenschaften des denkenden Wesens sich nicht durch Ausdehnung und Bewegung erklären lassen. Ihm war dieses Beweises genug, daß
sie

sie nicht eben derselben Substanz zugeschrieben werden
können, denn nach einem bekannten Grundsatze dieses
Weltweisen kann eine Eigenschaft, die sich nicht durch
die Idee einer Sache deutlich begreifen läßt, dieser
Sache nicht zukommen. Allein dieser Grundsatz selbst
hat vielfältigen Widerspruch gefunden, und was die
Eigenschaften des ausgedehnten und denkenden Wesens
betrifft; so hat man den Beweis gefordert, daß sie
nicht nur von disparater Natur sind, sondern sich einander widersprechen. Von Eigenschaften, die sich
einander schnurstraks widersprechen, sind wir versichert,
daß sie nicht eben dem Subjekte zukommen können;
allein von Eigenschaften, die nichts mit einander gemein haben, schien dieses so ausgemacht noch nicht.

Als ich die Immaterialität zu erweisen hätte, stieß
ich auf diese Schwierigkeit, und ob ich gleich der Meynung bin, daß der Grundsatz des Cartesius, dessen
ich vorhin erwähnt, gar wohl ausser Zweifel gesetzt
werden könnte; so sahe ich mich dennoch nach einer
Beweisart um, die mit weniger Schwierigkeit nach
der sokratischen Methode abgehandelt werden könnte.
Ein Beweis des Plotinus, den einige Neuere weiter
ausgeführt haben, schien mir diese Bequemlichkeit
zu versprechen.

„Einer jeden Seele, schließt Plotinus*), woh-
„net ein Leben (ein inneres Bewußtseyn) bey. Wenn
„nun die Seele ein körperliches Wesen seyn sollte; so
„müßten die Theile, aus welchen dieses körperliche
„Wesen bestehet, entweder ein jeder, oder nur eini-
„ge,

*) Ennead. 14, L. VII.

„ge, oder gar keine derselben ein Leben (inneres
„Bewußtseyn) haben. Hat nur ein einziger Theil
„Leben; so ist dieser Theil die Seele. Mehrere sind
„überflüßig. Soll aber jeder Theil insbesondere des
„Lebens beraubt seyn; so kann solches auch durch die
„Zusammensetzung nicht erhalten werden; denn viele
„leblose Dinge machen zusammen kein Leben aus,
„viele verstandlose Dinge keinen Verstand.

In der Folge wiederholet Plotinus denselben
Schluß, mit einiger Veränderung: „Ist die Seele
„körperlich, wie stehet es um die Theile dieses den-
„kenden Körpers? Sind sie auch Seelen? Und die
„Theile dieser Theile? Gehet dieses anders immer
„so fort; so siehet man ja, daß die Größe zum We-
„sen der Seele nichts beyträgt, welches doch gesche-
„hen müßte, wenn die Seele eine körperliche Grös-
„se hätte. In unserm Fall würde jedem Theile die
„Seele ganz beywohnen, da bey einer körperlichen
„Größe kein Theil dem Ganzen an Vermögen gleich
„seyn kann. Sind aber die Theile keine Seelen; so
„wird auch aus Theilen, die keine Seele sind, kei-
„ne Seele zusammengesetzt werden können." — Diese Gründe haben allen Schein der Wahrheit; allein zur
völligen Ueberzeugung fehlt ihnen noch vieles. Plotinus setzet als unzweifelhaft voraus, daß aus unle-
benden Theilen kein lebendes Ganze, aus undenkenden
Theilen kein denkendes Ganze zusammengesetzt werden
könne. Warum aber kann aus unregelmäßigen Theilen ein regelmäßiges Ganze, aus harmonielosen Tö-
nen ein harmonisches Concert, aus unmächtigen Glie-
dern ein mächtiger Staat zusammengesetzt werden?

Ich

Ich wußte auch, daß nach dem System jener Schule, der ich zu sehr anhängen soll, die Bewegung aus solchen Kräften, die nicht Bewegung sind, und die Ausdehnung aus Eigenschaften der Substanzen, die etwas ganz anders, als Ausdehnung sind, entspringen sollen. Diese Schule also kann den Satz des Plotinus gewiß nicht in allen Fällen gelten lassen, und gleichwohl scheinet derselbe in Absicht auf das denkende Wesen seine völlige Richtigkeit zu haben. Ein denkendes Ganze aus undenkenden Theilen dünkt einem jeden der gesunden Vernunft zu widersprechen.

Um von diesem Satze also überzeugt zu seyn, war noch zu untersuchen, welche Eigenschaften dem Ganzen zukommen können, ohne daß sie den Bestandtheilen zukommen, und welche nicht. Zuerst fiel in die Augen, daß solche Eigenschaften, welche von der Zusammensetzung und Anordnung der Theile herrühren, den Bestandtheilen nicht nothwendig zukommen. Von dieser Art ist Figur, Größe, Ordnung, Harmonie, die elastische Kraft, die Kraft des Schießpulvers u. d. g. — Sodann fand sich auch, daß öfters Eigenschaften der Bestandtheile Erscheinungen im Ganzen hervorbringen, die, unserer Vorstellung nach, von ihnen völlig unterschieden sind. Die Zusammengesetzten Farben scheinen uns den einfachen unähnlich zu seyn. Wir fühlen die zusammengesetzten Gemüthsbewegungen ganz anders, als die einfachen, aus welchen sie bestehen. Wohlriechende Theile, die gehäuft werden, erzeugen einen ganz verschieden scheinenden, zuweilen sehr unangenehmen Geruch, so wie im Gegentheil durch Vermischung übelriechender Gummen ein angenehmer Geruch erhalten werden kan (s. Halleri Physiol. T. V. p. 169. 170.).

P   Der

Der Dreyklang in der Tonkunst, wenn er zugleich an-
gestimmt wird, thut eine ganz andere Wirkung, als
die einzelnen Töne, aus welchen er bestehet.

Die Eigenschaften des Zusammengesetzten also, die
den Bestandtheilen nicht nothwendig zukommen, fließ-
sen entweder aus der Anordnung und Zusammensetzung dieser Theile selbst, oder sind bloße Erscheinungen, nehmlich die Eigenschaften und Wirkungen der
Bestandtheile, die unsere Sinne nicht aus einander
setzen und unterscheiden können, stellen sich uns im
Ganzen anders vor, als sie wirklich sind. Nunmehr
machte ich die Anwendung von dieser Betrachtung auf
den Satz des Plotinus.

Das Vermögen zu denken kann keine Eigenschaft
von dieser Art seyn; denn alle diese Eigenschaften sind
offenbar Wirkungen des Denkungsvermögens, oder
setzen dasselbe zum voraus. Die Zusammensetzung
und Anordnung der Theile erfordert ein Vergleichen
und Gegeneinanderhalten dieser Theile, und die Erscheinungen sind nicht sowohl in den Sachen außer uns,
als in unserer Vorstellung anzutreffen. Beide Arten sind also Wirkungen der Seele, und können das
Wesen derselben nicht ausmachen. Daher kann aus
undenkenden Theilen kein denkendes Ganze zusammengesetzt werden.

Auch der andere Theil des Beweises erforderte eine weitere Ausführung. Es hat Weltweise gegeben,
die den Atomen der Körper dunkele Begriffe zugeschrieben, woraus denn, ihrer Meynung nach, im
Ganzen klare und deutliche Begriffe entspringen. Hier
war

war zu beweisen, daß dieses unmöglich sey, und daß
wenigstens einer von diesen Atomen so deutliche, so
wahre, so lebendige u. s. w. Begriffe haben müßte,
als der ganze Mensch. Ich bediente mir zu diesem
Behufe den Satz, den Hr. Plouquet so schön ausgeführt, daß viele geringere Grade zusammen keinen stärkern Grad ausmachen. Woraus ganz
natürlich folget, daß alle dunkele Begriffe der Atomen
zusammen keinen deutlichen, ja nicht einmal einen
weniger dunkeln Begriff hervorbringen können.

Die mehresten Gründe meines dritten Gesprächs
sind aus **Baumgartens** Metaphysik und **Reimarus** vornehmsten **Wahrheiten der natürlichen
Religion** entlehnt. Von dem Beweise aus der Harmonie unserer Pflichten und Rechte habe ich bereits
in dem Vorberichte erinnert, daß ich ihn noch nirgend gefunden habe. Ich setze dabey zum voraus,
daß die Todesstrafen in gewissen Fällen Rechtens sind.
Nun scheinet aber der Marquis Beccaria in seiner
Abhandlung **von den Verbrechen und Strafen**
diesen Satz in Zweifel zu ziehen. Da dieser Weltweise der Meynung ist, daß sich das Recht zu strafen einzig und allein auf den gesellschaftlichen Vertrag gründe, woraus denn die Unrechtmäßigkeit der Todesstrafen freilich folget; so habe ich die Meynung selbst, in
dieser zwoten Auflage, in einer Anmerkung zu widerlegen gesucht. Der Marquis selbst kann sich nicht
entbrechen, die Todesstrafe in einigen Fällen für un-
vermeidlich zu halten. Er will zwar eine Art von
Nothrecht daraus machen; allein das Nothrecht muß
sich auf eine natürliche Befugniß gründen, sonst ist
es

es bloße Gewaltthätigkeit. Ueberhaupt ist wohl der
Satz nicht in Zweifel zu ziehen, daß alle Verträge in
der Welt kein neues Recht erzeugen; sondern unvollkommene Rechte in vollkommene verwandeln. Wenn
also die Befugniß zu strafen nicht in dem Rechte der
Natur gegründet wäre; so könnte solches durch keinen
Vertrag hervorgebracht werden. Gesetzt aber, das Recht
zu strafen sey, ohne Vertrag, ein unvollkommenes
Recht, wiewohl ich dieses für ungereimt halte; so verlieret mein Beweis dennoch nichts von seiner Bündig-
keit, denn vor dem Richterstuhle des Gewissens sind
die unvollkommenen Rechte eben so kräftig, die unvollkommenen Pflichten eben so verbindlich, als die vollkommenen. Ein unvollkommenes Recht, jemanden am
Leben zu strafen, setzet wenigstens eine unvollkommene Obliegenheit voraus, diese Strafe zu leiden. Diese
Obliegenheit wäre aber ungereimt, wenn unsere Seele nicht unsterblich wäre, wie an seinem Orte weit-
läufiger ausgeführt worden.

Druckfehler.

S. 198. in der Note, keine Pflicht haben, lies geben.

— 214. in der vorletzten Zeile, Absichten, lies Absicht.

— 215. Z. 14. vor Liebe, lies von.